紫金人类学书系

范 可 / 主编

教育部人文社会科学研究青年基金（12YJC840012）项目成果
长江大学人文社会科学出版基金资助

悄无声息的"革命"？
——转基因作物与一个华中乡村的社会变迁

A Silent Revolution?
Genetically Modified Crops and the Social Change of a Village in Central China

胡艳华 / 著

图书在版编目（CIP）数据

悄无声息的"革命"？：转基因作物与一个华中乡村的社会变迁 / 胡艳华著. —北京：知识产权出版社，2016.5
（紫金人类学书系 / 范可主编）
ISBN 978-7-5130-2425-9

Ⅰ. ①悄… Ⅱ. ①胡… Ⅲ. ①转基因植物—作物—关系—农村—社会变迁—研究—中国 Ⅳ. ①C912.82

中国版本图书馆 CIP 数据核字（2016）第 060776 号

责任编辑：李学军　　　　　　责任出版：刘译文
封面设计：STSJ

悄无声息的"革命"？——转基因作物与一个华中乡村的社会变迁
胡艳华　著

出版发行：	知识产权出版社 有限责任公司	网　　址：	http：//www.ipph.cn
社　　址：	北京市海淀区西外太平庄 55 号	邮　　编：	100081
责编电话：	010-82000860 转 8559	责编邮箱：	752606025@qq.com
发行电话：	010-82000860 转 8101/8102	发行传真：	010-82000893/82005070/82000270
印　　刷：	北京中献拓方科技发展有限公司	经　　销：	各大网上书店、新华书店及相关专业书店
开　　本：	787mm×1096mm　1/16	印　　张：	14.5
版　　次：	2016 年 5 月第 1 版	印　　次：	2016 年 5 月第 1 次印刷
字　　数：	192 千字	定　　价：	46.00 元

ISBN 978-7-5130-2425-9

出版权专有　侵权必究
如有印装质量问题，本社负责调换。

郝瑞序

"紫金人类学书系"的创建代表中国改革开放后的人类学进一步成熟。这一经过艰难曲折的学科，正在实现它几十年的承诺，发挥它应有的贡献，展望着它的未来。

现代中国人类学的传承是多样性的，三条支流汇入一条新的主流。第一支流是新中国成立前接纳欧美的两个比较新的学科，改变它们而适用于中国的具体情况。在人类学、社会学两个旗幡下，学者们在汉人农业社区和各少数民族群体进行实地调查。成果不少，包括中外文著作、文章，也有一些很嫩的新理论的萌芽。这条支流在新中国成立初期被堵塞，但没有完全断流。当代学者在如吴文藻、费孝通、芮逸夫、凌纯声、林惠祥、林耀华、梁钊韬等先锋长辈所打下的基础上进行详细的民族志工作而创建部分本土化的理论。这个支流的特点是强调研究现实社会和理论方法的灵活性和适应性运用，社会服务精神很浓。

第二支流是新中国所带来的苏式民族学，从 20 世纪 50 年代一直到 90 年代初占据了学科霸权的地位。它为服务党和政府建立统一多民族国家的需要，扩大了对象范围，推进学科的系统化，在之前比较薄弱的知识基础上添加了丰富宝贵的资料与知识。但是，这条支流的发展，却导致了两种不利于学科发展的现象：首先是对象范围又回到最边缘的小社群，把研究对象限制到少数民族群体，把汉人社区推到社会学的地盘。继而又视社会学为"资产阶级"学科而把它取消，从而实际上阻碍了人类学对汉人社会的进一步深入了解。这个支流的特点是强调历史演变，理论方法比较生硬，但社会服务

悄无声息的"革命"？ | ——转基因作物与一个华中乡村的社会变迁

精神也很浓。

　　第三支流是世界人类学在20世纪80年代的巨变，对象从"原始"社区扩大到全球化的世界里的固定或流动的社群，理论从文化单位相对论和结构主义转到文化互相交流、重构、融和论和后结构主义。这条支流进入中国人类学主流的过程比较长，因为老一辈的学者大多习惯了苏式民族学的思考方式。但是，因中外人类学者在八九十年代加速交流，如范可博士和他同辈学者们不少人都在欧美国家训练，接受了新的人类学理论和方法。新世纪一开始，这个支流的影响在中国加速。它的特点是注意世界各种人口、思想和资本的流动性，以及理论方法的多样性，社会服务精神有浓有淡。

　　范可教授在我执教的华盛顿大学获得博士学位，回国后被聘为南京大学社会学院人类学研究所所长和博士生导师，在中国人类学发展，帮助中国人类学三个支流汇集的过程当中扮演了重要角色。他不但因为20世纪80年代在厦门大学读书和教学而对中国人类学传统宝库有深入的了解，知道有哪些地方尚待改进，又在跟我攻读博士学位的过程中了解了世界人类学的发展趋向。他把自己的两个支流都注入南京大学新建的人类学科研和教育的大茶壶里，和他的同事一起，建立了一个既传承中国社会科学的传统，又加入世界人类学共同体的教研机构。

　　我2012年访问南京大学并进行演讲期间，范可博士给我安排机会与人类学研究所的博士生和硕士生交流，了解他们的训练和研究，给我留下了极其深刻的印象。他们以自己在社会上的经验和他们所关心的社会问题为出发点，选了既对社会问题，又对人类学理论与方法有价值，而且有可能作出贡献的对象与主题。因此，当我接到范可教授的来信，告知将要推出"紫金人类学书系"时非常高兴，但并不吃惊。建所10周年是应该有成果的时候，只需要有个场合将它们发表、呈现给国内外人类学界。为此我们也应该感谢李学军先生，他及他的出版社给中国人类学界提供了一个发表的平台。

郝瑞序

　　我最近几年遇到愿意在中国国内读人类学研究生的中国学生，总是推荐南京大学人类学研究所和范可教授。本书系的创立，更加强我这个趋向。不仅中国人类学界而且世界人类学界、中外社会科学界，以及所有关心中国社会问题的同仁们，都应该重视范教授和他的学生的贡献。我祝贺书系的创立，希望本书系和它所代表的人类学发展过程将来能进一步发展，扩大它对我们了解中国社会的贡献。

郝瑞（Stevan Harrell）
2015 年 4 月 11 日于西雅图

周晓虹序

　　时间过得真快，人类学研究所成立已经10年了。记得2001年5月我担任南京大学社会学系主任后，时任校长蒋树声教授与我例行谈话，主要议题即是社会学系的学科建设问题。那时的社会学系教师总计不过20人，教师中包括日本归来的贺晓星博士在内，有博士学位的也不过4人，其中我和张鸿雁教授获得的还是历史学博士学位。当时系里的大多数教师除了上一些社会学的课程外，还必须教授1—2门保险学的课程，尽管没有一位教师受过保险学的专业训练，但此前系里将此视为推动经济社会学建设的有效路径。我还清楚地记得那些对保险学一窍不通的社会学专业的老师们疲于应对的窘迫，记得我自己是通过开设广告学和公共关系学来消弭这一窘迫的——好在保险专业的训练十分看重"展业"能力，而这些课程对于保险人才的展业能力，一句话，"推销"保险都是必不可少的。❶在我担任社会学系主任之职，尤其在将保险学专业交还给商学院后，除了进一步推进社会学的研究和教学外，再开辟哪些新的领域或专业，成了我上任后的当务之急，也是与蒋树声校长谈话的主题议题。

　　在当时的社会学一级学科设置中，只有4个二级学科：社会学（这即许多教授所诟病的老子、儿子同名——一级学科和二级学科都

---

❶ 说句实话，尽管由我这样一位社会学背景出身的教师教授广告学和公共关系学似有不妥，但我个人的经历和此时的兴趣使得这样的"冗数"倒不至于误人子弟。自1992年为仪征化纤公司设计和策划整体企业形象（CIS）并写出"与世界共经纬"这句流行一时的广告语后，我对广告和公共关系的兴趣空前高涨，还在1995—1999年四年间开设了一间名为"九歌广告公司"的机构，一度做得风生水起，直到1999年去美国哈佛大学费正清中心访问才收手作罢。

悄无声息的"革命"？ ——转基因作物与一个华中乡村的社会变迁

叫社会学)、人口学、人类学和民俗学。在我们的20位教师中，除了社会学（当然还兼及保险学）18人外，另有1位教师教授人口学、1位教师分别教授人类学和民俗学。社会学自不必言，在整个社会学一级学科中它的从业人员最多，学理根基、社会影响和实用价值也相对最大，如果要在中国社会学界"安身立命"舍此难觅其他。所以这15年来我们一直积极地"组建"最好的社会学研究团队，除了提升原有教师的水准外，从最初引进风笑天教授到后来引进彭华民、刘林平和吴愈晓教授，团队建设从来没有停滞，包括陈云松、郑震、郑广怀、梁莹等一些年轻学者陆续加盟，我们的社会学学科建设确实称得上风生水起。

不过，尽管作为二级学科的社会学在社会学一级学科中地位显著，但单单一个社会学是难以支撑起整个学科的大厦的。人口学地位独特，在中国最初的社会学学科建设中，因为中国的人口众多，加之联合国教科文组织的积极支持，中国的人口学建设曾经一枝独秀，包括南京大学在内的许多综合性大学不仅都设有人口学研究机构，而且这些机构在联合国人口基金（UNFPA）的支持下最初都经费充足——我记得在20世纪80—90年代，在中国每万人仅有5辆汽车的时代，许多大学的人口学研究所甚至拥有自己的小轿车，那让人羡慕的感觉就像现在的"土豪"拥有自己的直升飞机一样。但是，南京大学的人口学却命运多舛，在早期的一度繁荣之后，随着几位老教师的退休和年轻教师的出国，剩下不多几位人口学教师却连同机构——人口学研究所——留在了商学院。这些年来商学院因开办各类MBA尤其是EMBA在经济收入上的"一枝独秀"，使得人口学教师大多不愿意离开商学院，更不愿意到与草根社会打交道的社会学系——尽管这是教育部划定的人口学的学科归属。这样一种奇怪的学科建制，自然妨碍了人口学学科的发展：商学院虽然不能将早先的几位教师"赶走"，但对发展人口学显然也没有任何兴趣；新进的人口学教师在社会学系及后来的社会学院也一直没有自己的学术机构（学校明确规定，在同一个学科方向上不能同时建两个同名学术机构），这使他们难以形成自己鲜明的学科认同。我认为，南京大学的人口学之所以会由盛及衰，一方面与国家的整体人口大势的改变有关，另一方面则与上述独特的学科建制有关。这也是为何这些年来我们在人口学学科上只引进了毕业于德国马尔堡大学的陈友华教授等不多几位人口学教师的缘故之一。

这样一来，学科发展除了社会学以外，当时只有人类学和民俗学两条道路可走。考虑到人类学在英美国家一直是文理学院常规的学科建制，它与经济学、社会学、政治学、心理学并称社会科学的五大学科；而民俗学在多数国家只是人类学下的文化人类学的一部分，其关注的民俗现象确实不过是特定民族的文化表征之一，中国的民俗学者又主要是民间文学的研究者。因此在这两者之间基本只有一种选择：推进人类学学科的发展。记得要选定这样的学科发展目标，对当时只有半个人类学教师的南京大学社会学系来说，并不是一件太容易的事。记得在与蒋树声校长的谈话中，我对校长说，人类学家关注异文化，尤其是不发达的国家与社会，所以在世界近代化过程中先后崛起的英国和美国也先后成为全世界人类学的大本营；我也对校长说，随着中国在全球化过程中的崛起，我们也一定会发展出对世界各国、各民族的研究兴趣，从人类学研究的客体转身为人类学研究的主体。值得庆贺的是，作为物理学家的蒋树声校长一听就懂，他不仅同意了我的学科发展设想，而且在此后的一段时间内一直积极给予了坚定的支持。

既然确定了发展人类学，首先要做的就是找到能够作为学科带头人的优秀学者。恰逢此时，2002年秋，我应美国华人人文社会科学教授协会（ACPSS）邀请，前往地处硅谷的圣何塞大学（San Jose State University）参加 ACPSS 的学术年会。会议结束后，我前往紧邻加州北部的西雅图，拜访我的朋友、华盛顿大学人类学系的 Ann Anagnost 教授，希望在人类学学科建设方面能够获得她的帮助。记得我的想法一表达，Ann 就推荐了前一年刚刚获得华盛顿大学人类学博士学位的范可，并且立即驱车带我去范可家拜访。范可博士在

悄无声息的"革命"？ ——转基因作物与一个华中乡村的社会变迁

赴美攻读博士学位前曾先后毕业于中山大学和厦门大学，并担任厦门大学人类学系的教师，不仅受过人类学学科的严格训练，而且在中美人类学界都有着广泛的人脉，是理想的学科带头人人选。尽管谈话只有一晚，但我们却一拍即合：2004年5月，范可博士由西雅图赶赴南京，受聘南京大学教授，并正式出任新建的南京大学人类学研究所所长。

有了开端，一切似乎都水到渠成。接下来，毕业于英国伦敦政治经济学院人类学系的杨德睿博士来了，毕业于美国芝加哥大学人类学系的邵京博士来了，两位更为年轻的人类学博士褚建芳和杨渝东也从北京大学来了，短短几年间我们的人类学研究所一下子有了6位正式的教师，就其规模而言在综合性大学的社会学院系中大概仅次于中山大学、厦门大学和北京大学的人类学系所，我们所期望的人类学研究队伍一时间初具规模。

在最近10年的时间里，人类学研究团队招收了博士和硕士研究生、开设了10多门各类课程、召集了一系列颇有影响的人类学会议，还邀请了诸多海内外人类学家来南京大学交流讲演、举办了题名"谋思谈"的系列 seminar，在这一系列活动中范可教授都起到了核心和枢纽作用，他对人类学知识在南京大学乃至整个中国东部地区的传播起到了不可替代的作用。

"紫金人类学书系"是范可教授及其指导的博士研究生近年来的研究贡献，它一方面代表了南京大学人类学研究的最新成果，另一方面使得我们在1949年前就开始的人类学传统得以延续。可以确信，这些研究著述的出版将会进一步推动南京大学乃至整个中国的人类学研究之进步，而这些进步将会一点点积累起来成为我们这个大变迁时代的精神成就。

是为序。

周晓虹
2015年5月20日撰于南京大学113周年校庆

总序

　　本书系缘起于出版人李学军先生与我的一次邮件联系。李先生在邮件中表达，他所供职的知识产权出版社非常期待多出版人类学方面的著述。他的盛情相邀使我考虑：何不借此机会出版学生们的研究成果呢？于是，就有了紫金人类学书系的构想。之所以用名"紫金"有两个意思。其一，我所供职的南京大学坐落于紫金山麓，紫金于是经常成为学校的象征。其二，我在国外的母校华盛顿大学（University of Washington），以紫金为主色调。紫金是学校运动队战袍的颜色。所以，前者表明了这套书系的作者们与南京大学的关系——供职、同事、师生、校友；后者表明了师承上的关系。目前为止，南京大学人类学研究所唯有我一人为博士生导师，所以在第二位博导所带学生的成果出现之前，我会乐于强调这样的师承。同时，我还必须说明，一所大学所培养的博士成色如何，在很大程度上并非取决于教授们的言传身教或者耳提面命，而是取决于所处的氛围。一所好的大学一定有着良好的交流与讨论的传统。与国内其他大学相比，南京大学相对说来更为自由的学风和教师们的敬业精神，对于我们的同学们有很大的影响。这样的氛围熏陶了我们的学生。

　　南京大学人类学研究所成立于2005年2月，今年恰逢10周年。但是，南京大学的前身——原中央大学和金陵大学，一直有着人类学研究。原中央大学的凌纯声先生是为著名人类学家，曾对黑龙江流域的赫哲族进行过开拓性研究，对湘西苗族等也出版有细致的田野调查报告。金陵大学农村经济学者卜凯（John Buck）和他的同事们也对中国农村有过十分深入的社会学与人类学实地调研，研究成

悄无声息的"革命"？ | ——转基因作物与一个华中乡村的社会变迁

果在海外学界被广为援引，并曾引起20世纪30年代国内学界有关中国农村土地与社会性质的大论战。而柯象峰等学者则在当年有着一定人类学色彩的"边政研究"上有自己独特的视角与贡献。他们，是当今活跃在学界的南京大学人类学群体的学术前辈。今天，我们传承的是他们的薪火。按照中国的传统，一个机构成立10周年总该有些表示。这套书系的推出可视为我们自己对10年来走过的路子的一个回顾。它仅仅是这一过程的一个片段，因为它只涉及在南京大学获得人类学博士学位的同学们的阶段性成果，展现他们所经过的人类学"成年礼"。所以，列在这套书系里的第一批成果仅仅展现了我们这个研究所成立10年来所做的部分工作。

任何一个研究与教学机构没有出版必难以立足。自洪堡（Wilhelm von Humboldt）以来，现代大学除了承担教书育人的工作之外，知识的生产已经是工作的重心。人类社会如果没有大学承担的研究工作与知识贡献简直无法想象。知识的生产除了开发未知的领域之外，还包括对周围自然与人类自身的了解与理解。社会人文学科的工作者以他们的视角与方式，探求人们的心灵世界与行动的意义，并力求理解这些意义。100多年来的学科历史表明这么一种过程：从对世界和人类自身本体意义追寻到认识论意义上的讨论，并进而再回到本体论意义上的解答。这样的过程背后，反映的是时代的变迁对人类学知识发展的需求。今天，我们的世界已然全球化。不管你喜欢或者不喜欢，这都是一个无法否认的事实，而且这一潮流已经不可逆转，没有一个国家、一个社会可以置之度外。那么，全球化给我们带来什么样的影响？那就是除了那些凭直观就可以体察到的现象与事实之外，还有如费孝通先生早在世纪初年便已指出的"问题的全球化"。我们的社会所面临的问题不仅是我们才有的，而且是世界性的，只不过因为它们都在各自的社会文化语境里才有了具体的意义。从这个意义上来讲，全球化的世界实质上是一个网络化的世界，它对今天的人类学研究或者人类学知识的生产，提出了不同的要求。

全球化的时代是一个带来希望的时代，也是一个产生问题的时代。人类学研究在这个时代里，有了许多新的刺激和议题。正因为这个时代是一个比以往任何时代都更具流动性的时代，人类学的议题和关注也就必然不再以那种预设为停滞不变的社区或者文化为对象，因为在事实上那样的社区已经不复存在。即便我们到一个偏远的地方从事实地研究，我们关心的依然是它的变动与流动。民族志研究上体现出来的对人类社会与文化的流动与静止的预设，固然可以反映人类学学者的局限与认识的发展，但在当今这样的时代，你要不感受到"流动"还真不行。因此，今天的人类学也就对我们有了一些新的要求：我们都应当直面当下。在一个问题全球化的时代从事人类学研究，就应该有所担当（engaged）。我们除了深化学理性的认识之外，还应当对"现状"提出自己的质疑与挑战。令人兴奋的是，南京大学人类学研究所的博士研究生们都在研究中寻找真问题，并对这些问题提出了自己的理解与回答。

这一书系里的民族志作品，从选题到田野地点的选择都是同学们自己进行的。作为指导教授，我只能就他们的研究打打边鼓，或者与他们聊聊天谈谈研究方面的问题以为"启发"。整体研究工作都是同学们自己完成的。在他们成长的过程中，社会学院和研究所的其他老师们也都起了重要的作用。他们传道授业的教泽令同学们受益匪浅。我的母校华盛顿大学的郝瑞（Stevan Harrell）教授和安德训（Ann Anagnost）教授，以及波士顿大学的魏乐博（Robert Weller）教授、伦敦政治经济学院的石瑞（Charles Stafford）教授、哈佛大学的赫兹菲尔德（Michael Herzfeld）、布朗大学的顾德民（Matthew Gutmann）教授等国际知名学者，在他们或长或短的访学期间，也都从不同的方面对同学们进行了指导或者与同学们进行交流。尤其是我的业师郝瑞教授，他在紧张的行程中，还不辞辛劳地专门召集正在进行田野研究的博士研究生们，询问他们所进行的研究并具体进行指点。魏乐博教授作为

悄无声息的"革命"？ ——转基因作物与一个华中乡村的社会变迁

福布赖特学者在南京大学人类学研究所访学一年（2013—2014）。在此期间，他参与所里的各种活动，经常与同学们切磋讨论答疑解惑。在此，我代表我们的同学们向他们表示衷心的感谢！

由于国内学制的限制，我们很难要求同学们也像国外人类学研究生那样，进行至少长达一年的田野研究。其实，一旦我们的田野工作以"问题"为基础，那么，是否一定得进行一年以上也就成了问题。尽管我没有对同学们的田野工作有任何硬性要求，但同学们也都尽量克服困难，尽可能地在田野里待更长的时间。有的同学在写作期间还反复回到实地，进一步充实资料以求印证写作过程中浮现出来的一些思考，或哪怕是求得一丁点儿的证据。毋庸讳言，从对学术的严格要求来看，这些同学的民族志著作不可能没有瑕疵，它们可能看上去还稚嫩，有些地方可能还有待商榷。但从选题到研究的视角，它们都生机勃勃，饱含了强烈的学术使命感；它们都关注我们的国家与社会所存在的问题，体现了一代学子的担当意识和对未来的期许与关怀。他们的成长令人欣慰。本书系中的民族志著作都燃烧着作者的学术激情，中国人类学的发展与未来应该属于这些有着强烈使命感与问题意识的青年学子。

范可

2015 年 2 月 9 日

范可序

本书是胡艳华博士的第一部专著。我是她攻读博士学位时的导师,自然应邀为之作序。写序也是一种回忆,回想起她在南京大学求学的几年光阴,她的表现与所思所想,还是有许多值得一提的地方。

胡艳华原本并不是报考我的研究生,而是由于一些原因调配到我的名下。一开始,因她原先并未读过人类学方面的著述,有些想法和写作风格与我所期待的很不相同。她大概看出了些苗头,开始在这方面下功夫。很快地,在学业的各个方面就表现出不同,进步明显。由于我们所的研究生训练均采用英文材料,她对此始料未及并对她构成巨大的挑战,但她不为所惧,知难而上,克服了许多她所意想不到的困难,最终顺利地通过了所有课程和预答辩。

正如一些同学所说,她是一个很用功,而且很麻利,具有很强行动能力的人。因此,在学习过程中,她有着很好的规划,极有条理,导师完全不用为之担心。作为一位有工作经历的研究生,她不仅什么都没耽延,而且还参与翻译一部英文人类学教材、发表论文,数次到台湾和香港参加学术会议。由于她的勤勉和学业成绩,她多次获得奖项,其中包括教育部的全国优秀博士研究生奖金。令人称奇的是,她还在三年求学期间多次到湖北乡下从事田野工作,并且准时完成论文写作,按时毕业。三年相处使我确信她是一位值得信赖、非常具有团队合作精神的研究者。在整个学习过程中,她就像一部不断运转的机器,读书,与老师们交流,下田野,写作,一步一个脚印,一刻不停地运转。当然,她家中亦有她最应该感谢的人,

悄无声息的"革命"？ ——转基因作物与一个华中乡村的社会变迁

没有她另一半的支持，她无法完成得这么顺利。但是，有此成绩，她的勤奋与聪颖毋庸置疑。

还记得大概在她入学一年以后，我们在一起谈起了她的博士论文选题。我不喜欢给学生"命题作文"。我觉得，让学生发现自己所感兴趣的问题和研究课题，不仅可以真正培养起学生的学术热情，而且是博士研究生阶段必不可少的训练。因此，我从未按我自己的兴趣来要求学生该去研究什么，或进行所谓的"布局"。当然，当学生有了思路之后，总得给些建议。必要的时候也会略带"强迫"地为学生"命题"。之所以加上引号，是因为基本上还是学生自己的想法，只是在学生茫无头绪的当儿，帮着把方向确定下来。对胡艳华的研究，我倒没有这么做，因为她的想法多，而且善于"投机"、调整。在这里，"投机"并非贬义，而是指善于调整。我们经常看到，许多学者所出版的博士论文和其他学术成果与他们原先的课题计划有很大的出入，有的甚至是完全不同的课题，这在人类学领域尤为多见。其实，这是有理由的。我们往往是在深入实地研究之前写课题计划。计划中的研究地点，你可能去过也可能从未去过。即使是去过，也是未及深入。这样一来，我们"想象"中的田野与现实的田野必然有所不同。一旦进入田野之后，你可能发现一些更为值得关注的问题，或者可能发现，有些问题比你所计划从事的课题做起来要容易或更有意义。这就有可能导致我们在研究上做出调整。胡艳华博士的论文选题就经历了这样一个过程。

在攻读博士学位之前，胡艳华博士曾经在家乡做过一些关于丧葬方面的研究，她最初想继续从事这方面的课题。在回家乡几次之后，情形有了变化。她告诉我，想改做返乡农民工的研究。我觉得很好。研究农民工的很多，但多关注他们在移入地的生活以及社会排斥、融入诸方面的问题，很大程度上是美国社会学界研究移民的学术范式在国内的"殖民"。现在，第一批外出务工的农民已经到了退休的年纪，由于条件的限制，大多无法在务工的城市落足，开始

范可序

陆续返乡。他们虽然无法改变他们的居民身份，但不等于他们完全缺乏能动性。他们在外地的务工岁月必然给他们在各方面留有很深的烙印，我们可以将他们视为可能会给乡村社会带来结构性改变的力量。因此，我对她的研究充满期待。

然而，万万没有料到的是，她进入田野两周后就又出现了变化，声称决定放弃原先的课题，因为发现一些更为有趣的现象。对此，我一开始颇为无语，但也没说什么，想着等见面以后再深入交流。原来，到了田野之后，她发现，回到村里的农民工数量不具统计学意义，但却发现与之相关的另外一个现象。留守家乡的人们（绝大部分是妇女）好像很悠闲。不仅少到田里务农，而且经常聚在一起搓麻将、闲聊；晚上还跳广场舞。除了乡村环境之外，她觉得这些人的生活好像与城里人没什么不同。于是，她考虑起这样一个问题：难道务农如此轻松？究竟是什么因素，使这里留守村庄的人们无论在日常生活和心态上都与我们所想象的有这么大的差别？不知是否因她的先生是研究农作物方面的生化专家，她注意到了栽培的作物是转基因的。有意思的是，当她问当地村民时，她们完全不知道近些年来她们所种的棉花的种籽与原先种植品种有哪些根本性的不同，但都觉得节省了许多时间，无须中耕除草等农活。这样一来，闲暇时间就多了。而她们在城市里务工的男人们也无须像过去那样，在中耕或收获季节回来帮忙。

我记得当时她很高兴地与我谈起这些变化，但又觉得不知如何下手。由于转基因在国内引起广泛争议，她又担心会不会让人误以为参与这种争论，等等。我们于是有了关于这一问题的讨论。很快地，她明确了自己的方向，即：她的研究与转基因是否有害健康这类议题毫无关系，而是与转基因作物种植与推广所带来的劳动力投入的减少有关。因此，她的研究不应寻求因果关系的解释，而是论证这种相关性。毫无疑问，影响人们生活改变的变量很多。例如，如果没有来自城市生活的影响，农妇们不会去跳广场舞。所以，应

XV

悄无声息的"革命"？ ——转基因作物与一个华中乡村的社会变迁

该从为什么农人们闲暇时间多了这一问题作为思考的切入点。从这个角度出发，转基因作物是一个因素。而且不妨可以来个大胆的设想，如果转基因作物的广泛栽种会给农民生活乃至于整个农业带来什么样的改变？于是，"革命"可以作为一个关键词或者隐喻来用于这样的预设。当然，在她的论文里，"革命"不是那种引发颠覆性改变的社会或者思想运动，但也带有引发巨大变迁的含义。"革命"在她的论文里是中性的，它不关乎后果究竟是积极的，还是消极的。因此，她的研究不应寻求因果关系的解释，而是论证这种相关性。换言之，她的研究虽然不是就近期所在村庄社会生活变迁进行严格和定量的因果分析，但我们无法否认她所讨论的变迁与作物品种的改变存在着某种相关关系。而这种改变是如此巨大却又鲜有人往这方面着想，用"悄无生息的'革命'"来比喻亦颇为恰当。由此，我们可看出她的问题意识。胡艳华所提出的问题得到了美国著名人类学家郝瑞（Stevan Harrell）的高度认可，赞誉有加。

一部博士论文贵在新意，哪怕所具的新意值得商榷。摆在我们案头的这部著作之新，就在于它指陈出了某种人们鲜少关注的相关性。我从来不认为博士论文会是一个人学术生涯最为重要的成果。但我相信，它是一位学子精神和体力上投入最多的一场洗礼。所以，如果不存在着学术不端，如果都是认真完成，我们对它们都不应苛责。如果一部博士论文获得通过，但却引来许多批评声音，指导教授也得承担部分责任。我以为，这部专著虽然还有不少提升的空间，但它表现了作者寻找真问题的求真精神。诚然，它所针对和思考的问题也别具匠心。从她这里，我看到了作者对中国社会的研究所作的贡献。

是为序。

范可
2016 年 3 月 22 日于南京寓所

CONTENTS 目录

郝瑞序	I
周晓虹序	V
总序	IX
范可序	XIII

第一章	导论	1
	一、初入潭村	2
	二、"理性"与"革命"	12
	三、中国乡村社会变迁的历史经验	24
	四、转基因作物、文化与结构	33
第二章	潭村的时空岁月	51
	一、华中平原上的一个村庄	52
	二、时间洗礼中的潭村	59
	三、村民日常生活的商品化	65
	四、潭村的文化图景	75
第三章	神奇的新种子	81
	一、进入	82
	二、"定居"	92
	三、"结果"	99

第四章 "革命性"的变迁之一 — 109
- 一、新种子的新变化 — 110
- 二、不一样的棉花与油菜 — 117
- 三、在果树与棉花中选择 — 124
- 四、摘棉花的女人们 — 130

第五章 "革命性"的变迁之二 — 135
- 一、孩子的问题 — 136
- 二、甜蜜的悲哀 — 142
- 三、牌友加舞友 — 147
- 四、围着"猪"转圈 — 156

第六章 "革命"的可能后果 — 163
- 一、转基因作物与农民生活 — 165
- 二、推动农村社会变迁的新机制 — 169
- 三、农村文化的"转基因化" — 175
- 四、余论：风险何在？ — 180

参考文献 — 187
索引 — 199
图表索引 — 202
后记 — 204

悄无声息的『革命』？
——转基因作物与一个华中乡村的社会变迁

第一章 导论

悄无声息的"革命"？ ——转基因作物与一个华中乡村的社会变迁

一、初入潭村

说起我到达潭村❶头几个月的经历，是慌乱而喧嚣的。从最初不知所措的"田野者"到后来成为潭村的"观舞者"一直到"化妆师"的历程，我完成了从局外人到圈内人的蜕变，对潭村由表及里的深度观察也随之拉开序幕。正是这段时期偶遇的村民种植"神奇新种子"❷事件带给我思想上的冲击，让我改变了研究返乡农民工的初衷，决定追寻转基因作物与农村社会变迁的关系。吸引我注意力的第一点是潭村人悠闲的生活方式，第二点是他们对自己种植的转基因作物知之甚少。

图 1-1　潭村的马路

---

❶ 见图 1-1。
❷ 村民认为这种新种子的抗虫效果很神奇，但他们对这种新种子缺乏认知，在村民眼里那只是一种有特殊效益的新品种。

第一章 导 论

又是阳春三月，印象中这是乡下最美的季节，到处是盛放的花朵——粉红的桃花、洁白的梨花、金灿灿的油菜花……而当我再次踏进白镇潭村，这个曾满载我儿时记忆的地方，却不是为了看花，而是为了田野。想象着闭目享受馥郁的花香，一扫沿途的疲劳，但当我爬上大堤后发现"千树万树梨花开"的景象早已不再。在绿油油的麦田里有三两个人在"打营养钵"，❶ 我用家乡话和他们攀谈起来。

"老乡你好，咧里以前都是梨子树和柑子树，现在哪门没有哒？"

"哦，那前几年早就砍哒，卖不到钱！"

"是不是都砍光了？"

"早几年是都砍完了，不过据说最近下边引进了改良的新品种，有几户阿又再种。"

"那你们还种不种咧？"

"我们到时候再说吧，以前种果树蛮吃亏，还是现在种棉花省事，新种子效果蛮神奇哈。"

……

尽管现实提醒我这里曾经发生了多么大的变化，但这次来的目的是踩点，只是想看看返乡的民工能否足够成为我调查的样本，我并未对老乡的话做过多思考。来到潭村的第二天，我到村主任家和他聊了一下我打算研究返乡农民工的调查计划，他比较支持，答应将村子里的相关资料给我一份，但他说目前村子里回来的民工不多，总的来说还是出去打工的居多，要找还是能找到。考虑到样本量的问题我有些犹豫，在村里待了整整一个月，每天能做的事情就是走亲访友，尽量多认识一些村民，时间久了也交到几个可以谈天说地的朋友。

---

❶ 当地播种棉花种子的一种方式。在一堆湿土中，把营养钵机子按到土里，按满了模子，再搁旁边地上墩几下，接着去蹬踏板，很快，一个茶杯形状的营养钵就出来了。

悄无声息的"革命"？　——转基因作物与一个华中乡村的社会变迁

六月的一天，得知村医生要去换班，我便和他一起到村卫生室❶所在地转悠，据说那里每天都能见到不同村子的人。潭村的十个小组分居两地，其中一至五组集中在北边，六至十组集中在南边，两个集中地之间相隔三里路，中间都是成片的庄稼地，而村委会❷就在农田的中间，是单独的一块地，周围没有农户居住，村卫生室刚好和村委会办公室在同一个地方。大约晚上八点，陆续来了几个看病的村民。印象最深的是一个六十多岁的老人陪同儿子来看病，他们待的时间比较长，大约有半小时。我刚好借机和老人攀谈起来，老人很随和，也乐意交谈。他们家总共有九口人，他还有八十多岁的老母亲健在，除了两个二十多岁的孙子在外打工，其余全部在家务农。由于家里人手多，田里的活也不像以前那么重。外出打工的孙子平常几乎不回家，一般过年才回来一次，有时候过年也不回来，说是车票难买。他和老伴由于身体不好平常不下田，只在家做家务如做饭、喂猪等。其余的人都下田劳动，一年的毛收入大概是 8 万元，但是开支也很大，每年最多只能存到两万元。他们家大约种了六亩左右的棉花地，收成好时亩产大约八百斤，也有少量橘子树，但是今年橘子的价格不高，指望不上了，田里的收入主要靠棉花。总体感觉种田很辛苦，但是和以前相比还是轻松很多，主要是棉花品种改良以后减少了田间劳动时间。让我印象较深的一句话是"我们农民也没想要蛮多钱，只要日子能过就好了，主要是现在的年轻人很懒，不像我们以前天天在田里搞，你看现在村子里的女人都很闲，以前是打牌，现在晚上都流行跳舞去啦，那怎么能行呢……"从他口中对今日潭村女人的不满和羡慕，我感到跳舞可能是我要找寻的下一个突破口，既然如此，我决定找机会去看看跳舞的情况。

要去看跳舞，就要去找英子。英子是我的小学同学，中专毕业

---

❶ 见图 1-2。
❷ 见图 1-3。

第一章 导 论

后回乡创业,自己办了一个幼儿园,由于能说会道又有文凭,现在已经是潭村的妇联主任。其实前几天我已经听说她正在组织妇女参加白镇的广场舞比赛,由于最初一心想着"返乡农民工"所以没有想到去看跳舞,现在既然心中没主题反倒打算多跑跑,看看热闹。刚好天气凉快,雨后吹起了北风,比前几天舒服多了。我和英子晚上八点左右到达潭村一个农户家里,两层小楼,门口有一个二十平方米左右的院子,跳舞的场地就在这个院子里。❶ 起初,只有两个五十岁左右的妇女在跳,但观众不少,多是老人和小孩,老人都是村里的熟人,一边看跳舞一边聊天,小孩就在周围疯跑。我们到达后陆续有人过来,大约半小时后正式开始,英子用一台旧的台式电脑放视频,加上英子一共有十个妇女,她们排成两排开始跟着视频边学边跳。舞曲分别是《摇太阳》、《茉莉花》、《伤不起》等,她们很快就跳得很熟练,可能是看到我在拍照,英子吆喝大家好好表现,

图1-2 潭村卫生室

---

❶ 见图1-4。

悄无声息的"革命"？　——转基因作物与一个华中乡村的社会变迁

图 1-3　村委会所在地

我也兴致勃勃地为她们拍照摄影。跳完后大家围过来看照片，都希望能看到自己的样子，还要我下次过去把照片给她们。大约休息三分钟后，英子放了一首节奏欢快的曲子，我看着起劲，也站在最后一排跟着她们跳起来。可能是动作和她们不一样，她们大多停下来看我跳，表示赞许地说跳舞很简单，只要跟着节奏就行。因为我也是即兴跳的，跳完就忘了自己的动作，结果她们都叽叽喳喳围过来说想跟我学跳舞，我也欣然同意只要有时间就过来和她们一起跳，毕竟这是一个和她们相处的好机会。这也是我成为"观舞者"的开始。

大约九点半跳舞结束，围观的老人和小孩也渐渐散去。我回来路过村主任家，看到门还开着于是便过去聊天，今天刚好是"卖码"❶ 的日子，买码的村民一直要等开码后才会回家休息。我进去

---

❶　当地的一种娱乐活动，类似于香港"六合彩"。

第一章 导　论

图1-4　潭村一组的舞场

不久就有一个妇女提着开水瓶过来烧水。因为村主任家装了沼气，夏天沼气很丰富，自家用不完，所以附近几家农户每天都到主任家烧开水，也顺便在一起话家常。烧水的妇女叫秀珍，她是一个乐观开朗的人，丈夫在外面打工，去年儿子生病花了很多钱，家里还有一个老人要养，她感觉日子过得很困难，但很多时候都不去想。现在她开始信佛，她说佛教就是观音菩萨，也就是以前农村所说的迷信，每年有三个月都要去庙里上香，一般是关系好的几个妇女约好一起去。自从儿子生病后她就感到压力很大，经常失眠，有时候也觉得社会不公平，家里的很多事情都要她操心。但她也感觉农民种田虽然赚不到钱，至少也比以前轻松，而且在村子里朋友很多，白天除了下田就是和朋友一起打牌，所以对生活还是有信心的。大约半小时后她的两瓶水烧开，村主任老婆抱来一个西瓜和大家分着吃，可是刚放上桌子，秀珍就急忙走了，说不好意思吃，村主任追了出去也没有赶上，于是我们几个把西瓜吃掉，大约十点半回家休息。

日子一天天过去，和潭村妇女一起跳舞的生活也让我和她们熟

悄无声息的"革命"？ ——转基因作物与一个华中乡村的社会变迁

络了许多。八月初的一天下午五点左右，村主任喊我到镇里去看广场舞比赛，我想这是一个难得的机会，能和更多的人混熟，于是欣然同意。我们坐的是幼儿园的校车，走到三组十字路口的时候，一下子来了六个妇女，都是想去看跳舞的，六座的校车一下子塞进了十来个人，大家都很兴奋，我们很快来到英子开办的幼儿园，英子是村广场舞的组织者，她们已经换好衣服准备出发了。大约六点半我们来到镇里提前定好的餐馆吃饭，今天餐馆人很多，都是各村组织跳舞的队伍。我坐下不到二十分钟，村主任接到电话说要我去帮她们化妆，我想起上次跟英子说过我可以义务帮他们化妆，这下还真派上用场了。村主任用车把我接到"米兰春天"，这是镇上一家较大的婚纱店，进去只看到一个化妆师在忙碌，还有十几个跳舞的妇女在旁边等候，于是我开始接手。英子介绍了几个外村的要我帮他们先化妆，因为她们是先来的，只有等别人全部化完才能轮到英子她们。我建议她们把妆上浓一点，眼影也换成蓝色的，这样可以和别人区别开来，显得有特色，这时有个十岁左右的小女孩说："妈妈，你怎么不要她（指我）化哦，我觉得她化得仔细些，化得漂亮些！"这对我似乎是一种肯定，我很兴奋。化好妆大家都急着要进场，我也来不及吃饭，和他们一起到达现场，即抗洪广场，真是人山人海，村民都看得目不转睛，我以找人的名义跑到前台，顺便拍了一些照片。最后一个节目是英子她们的红歌联舞，结束后潭村获得了最佳组织奖。大约十点活动全部结束，回来的路上，大家都很兴奋，一路议论不停。村干部对大家的表现很满意，表示以后要组织村民跳舞娱乐，而不仅仅是打牌买码。此后，认识我的人更多，渐渐有许多妇女主动过来和我聊天并戏称我为"化妆师"。

一路走到现在，我似乎打开了访谈的局面，也拉近了和村民的距离。想起围绕在我耳边重复率极高的词语如"打牌"、"跳舞"、"轻松"，也让我有意识地将此联系起来思考，潭村人今天的生活为何如此自得其乐，难道田里的农活真的不多吗？是他们的休闲时间

第一章 导 论

增多了还是他们现在变懒了呢？围绕着这些疑问，我开始有意识地和村民交谈，主要想了解他们的日常生活。有个主动来找我聊天的妇女叫兰花。她今年 68 岁，有两个儿子、两个女儿，都在外面工作，家庭条件也不错。她老公是以前镇上的会计，有退休工资，她本人也能说会道，是村子里比较能干的妇女。兰花种了五亩地的棉花，她老公平时不下田劳动，主要是她一个人种田，据说那天一上午她到棉花地里打了七桶药水。她每天五点起床，在家里洗衣做饭完毕，大约八点下田，上午十点就收工回来。感觉现在种田比以前轻松很多，以前整天都在田里干活，仅中午吃饭休息两个小时就又要出工，晚上八点左右才回来，几乎没有时间打牌。现在除了早上下田两小时，其他时间都可以串门打牌，总的来说对现在的生活很满意。她喜欢种棉花，一是因为棉花放在家里不卖也没关系，不像梨子很容易烂，农忙季节都忙着卖梨子不可能有时间打牌，中午要排队卖梨子也无法休息；二是现在卖棉花也比以前方便很多，都是私人老板挨家挨户收棉花，不像以前需要自己拉到收购站去卖。最重要的是，现在新棉花种子虫子少很多，不像以前田间地头到处爬满虫子，一到夏天几乎每天去田里捉虫，有时候用手一摇棉花苗子，就可以在地下捡虫子，又臭又累，所以她比较喜欢种现在的棉花。

从"棉花"作为一个关键词跳进我脑海，一直到联系上"转基因"，源于农妇阿香与春玲的闲聊。

"春玲，你在忙么子啥？"

"打虫啥，我今年种的棉花虫子有点不好搞。不知道是不是品种不好。"

"嗨，你到我家地里去看看，我真的觉得蛮神奇，我种的两块不同品种的棉花田，有一块上面一个虫子都没有，棉花桃子也大，而另一块棉花虫子就比较多，差别真的蛮大，不信你可以去我田里看看啥。"

"那是么子种子哦？好的话明年我也来种啊。"

悄无声息的"革命"？ ——转基因作物与一个华中乡村的社会变迁

"名字我不晓得，不过我现在已经把那个好棉种的袋子留在家里了，打算明年继续去种。"

"袋子还在啊，带我去看哈子。"

"好，走、走！"

想着阿香如此热情，我也跟着过去凑热闹。看到棉种袋子上赫然印着"转基因抗虫棉"几个字，我随口问阿香：

"你种的东西是转基因棉花啊？"

"啊，你说什么转基因哦，我没听说过。"

"就是你种的棉花啊，上面写的蛮清楚啥。"

"哦，咧我不晓得转基因是么子，只晓得它虫子少。"

……

阿香随后还请我们改天到她家的农田❶去看。由于怕有为厂家宣传之嫌，我当时并未拍照。但之后的几天我始终在想：转基因棉花

图1-5 阿香家的"新种子"棉花地

---

❶ 见图1-5。

第一章 导 论

真的有阿香说得那么"神奇"吗？为什么提到"转基因"，村民如此陌生？种植转基因作物和村民的日常生活有多大关系？正是这一连串看似猎奇的问题让我的田野开始转向。我想起临行前一位朋友告诉我："你可以到我们那里的农村看看，如果不是转基因抗虫棉的引入，农民种棉花的热情不会这么高。"从满园的梨花到成片的棉花，当地农民种植结构的改变已经发生，这无疑是与农民生计和日常生活密切相关的，而这种变化对农民生产和生活的影响或多或少都是存在的。如果我大胆猜测转基因作物的引入与农民生产和生活方式的变迁有关，那么变迁的证据在哪里？这是我试图去寻找的。

从20世纪80年代初我国研究转基因生物至今，中国已经成为世界上种植转基因作物最多的国家之一。本研究无意在道德问题上讨论转基因作物，而是聚焦于转基因作物引入种植之后所出现的一些社会现象。这些现象与转基因作物引种之间有什么关系？这是笔者所关心的问题。转基因作物为何在我国农村如此流行，村民种植转基因作物是基于现实利益的考虑还是诸多因素共同作用的结果？在这个问题上，村民的理性占了上风，但在另一方面，村民对其认知的陌生让我时刻感受到某种悄无声息的"革命"正在进行当中，以及经济理性背后的某种"盲目性"。在我所调查的潭村，村民已大面积种植转基因作物，乡村种植结构的改变显然已经发生。对乡村社会变迁这个议题，人们谈论最多的莫过于改革开放或社会转型所导致的变化，但还有一点是我们不得不考虑的，那就是转基因作物的引入，可能导致传统农业种植结构乃至经济结构发生变化。正如人类社会进入文明的阶段是不同步的，❶转基因作物对乡村社会的影响也有地域差异。尽管这种影响在目前尚未产生划时代的意义，但是在当下的潭村，转基因作物的引入已经给村民的生产和生活方式带来某种"革命性"的变化。本书无意

---

❶ 范可："在野的全球化：旅行、迁徙、旅游"，载《中南民族大学学报》2013年第1期。

11

悄无声息的"革命"？ ——转基因作物与一个华中乡村的社会变迁

对转基因作物引入所带来的改变进行价值评判，而是关注与之相关的两大主题：其一，村民种植转基因作物这一行为的动机；其二，如何理解转基因作物种植之后所带来的生活方式的改变是为一种悄无声息的"革命"。

本研究所讨论的潭村社会生活的变迁之动因及其他相关性因素涉及两大理论主体，即"理性"与"革命"。在过去有关社会文化变迁的人类学讨论中，理性往往为人们所忽视。人们对文化的适应常常被视为不得已而为之的"主动"过程。但是，社会学和人类学很早以来就对变迁的迷恋和关注，一种对其过程的持续不断的思索，以及对其后果的绵延不绝的热烈争论，[1] 是本研究学理性追求的动力。本书所要涉及的虽然是社会变迁这一传统而古老的话题，但却是一个与种植转基因作物有关的乡村社会变迁研究。农民，或者村民，是本研究的主体，他们的生活构成实际上是本书的主要内容。为此，我将从"农民"这一概念开始，就"理性"与"革命"、中国乡村社会变迁的经验研究、转基因作物的关注点等几个方面进行文献梳理。

二、"理性"与"革命"

苏联社会农学研究者蔡亚诺夫（A. V. Chayanov）曾倡导学者认识农民和农民社会，并加以改造。他认为，农民经济有自己独特的体系，遵循自身的逻辑和原则。[2] 农户的产品主要是为了满足家庭自身的消费，在生产上只靠农家自己已有的劳力，而不是依赖雇佣劳动力，当然也不是为了在市场上追求最大的利润。在这个意义上，

---

[1] [美] 史蒂文·瓦戈：《社会变迁》，王晓黎等译，北京大学出版社2007年版，第1页。

[2] Chayanov, V., *The Theory of Peasant Economy. Madison*, University of Wisconsin Press, 1986: 1925.

第一章 导 论

农民实际上是指乡民、小农即英文中的 peasant，而不是指资本主义制度下的农业经营者。蔡亚诺夫的"小农经济理论"，是把农民研究限定在"非资本主义的家庭农场"，这和现代人类学的农民社会研究范畴如出一辙。在我所调查的潭村，农民的田间劳作仍然是以家庭为单位，但其产品却不仅仅是为了自给自足，"农民"的意义业已发生变化，既不是传统意义上的小农，也还未成为大规模的农业经营者，但这种变化是在 peasant 的意义上延伸的，因此我将本研究中的农民定义为"村民"，而村民集中居住的地方即为"村庄"。早期的村庄形成于一万多年以前的中东地区，"村民"为当地的纳吐费安斯人（Natufians），他们最初以采集谷物和猎杀羚羊为生，形成了建立在广效搜食基础之上的采集和狩猎文化。后来随着气候条件变得潮湿温暖，促使野生小麦和大麦向更广泛的地域生长，扩大了食物采集区域，延长了收获季节。在低纬度地区小麦和大麦春天成熟，中纬度地区夏天成熟，高纬度地区秋天成熟。为了在三个地区都能收获野生谷物，纳吐费安斯人开始选择三地中心的地点作为他们定居的地方，因为那样的地方能在附近采集谷物长达六个月之久。便利的食物采集地点使得纳吐费安斯人能够长期待在同一个地方，从而形成了早期的村庄，他们自然成为早期自给自足的农民。本书讨论的由村民组成的乡村社会既不同于传统上许多人类学家笔下的部落社会，也不同于工业革命后的城市社会，而是它们之外的广大农业耕作地区的乡民社会。❶ 我要讨论的变迁也是与村民生计相关的农业耕作即生产方式的变迁。

在农业产生和发展的早期阶段，自然环境如气候、地理环境、水源等起了首要作用，早期的农民最先选择山前地带栽培块茎和块根类作物，如各种豆类、胡椒和南瓜等，农民最初从采集到生产的尝试纯属偶然。早期的食物生产起初依赖于四种地理环境，从最高

---

❶ 庄孔韶："中国乡村人类学的研究进程"，载《广西民族学院学报》2004年第1期。

悄无声息的"革命"？ ——转基因作物与一个华中乡村的社会变迁

到最低分别是高原、侧翼丘陵区、山麓地带的莽原和冲击沙漠区域，气候的变化也在早期的食物生产中起着重要作用。比如在中东的侧翼丘陵区，当地的资源异常丰富以至于许多食物采集者可以选择在那里的村庄定居。大约在一万多年前，该地适宜的食物采集模式受到了气候变化的威胁，即气候条件越来越干燥。由于许多野生谷物的栖息地干涸，理想的食物采集地区迅速缩减，当时纳吐费安斯人的村庄也局限在有稳定水源的地区。随着定居后人口的持续增长，一些纳吐费安斯人试图将野生谷物转移到富含水源的地方，以此来维持作物的产量，并在那些地方开始耕种，从而踏上了巨大的社会转型之路。通过介入动植物再生产的周期，他们不再仅仅是收获大自然的产物，而是开始播种并按照饮食习惯来改善动植物的特征。到了七千多年前，大多数中东人开始从广泛的搜食转移到更专业的经济种植形式，中东人自己驯化的动植物已经成为他们所依赖的广泛资源的一部分，那是以少数物种为基础且适合家庭种植和养育的物种，他们逐渐成为早期的农民和牧民。

古植物学家曾研究过农作物种植在乡村社会变迁中的作用，一些作物被认为是最重要的、在某种情况下也是农业生产发展中的决定性因素。科学也证实，只有选择种植谷物如小麦、大麦、稻子等才能让社会发生新的本质性的转变。在一万多年前，在两河流域出现了植物如小麦等的驯化品种，人类才进入了新石器时代，标志在于动植物的驯化、定居、制陶等，即考古学家柴尔德（Golden Childe）所称的"新石器革命"，[1] 他用"新石器革命"这个词来形容食物生产即植物耕种和动物饲养的起源和影响。然而，新石器革命最主要的意义并不仅仅是制造工具的技术，而是在于新生的社会经济形式的出现，人类从此成为食物生产者，而不仅仅是索取者。驯化的滥觞无疑是偶发的，一旦动植物驯化成功并为人类所运用之

---

[1] Golden Childe, *Man Makes Himself*, Oxford University Press, 1936.

第一章 导　论

后，也就对人类文明的演化产生了"革命"性的作用，[1]社会和文化的变迁步伐也大大加快。"革命"一词即西方的 revolution，尽管其意涵丰富，但归纳起来主要指涉四个方面：一是政治制度的新旧更替，二是某种新生事物的产生与接受或思想、行为的突然转变，三是事物的周期性轮回，四是自然界发生的重大变化。[2]狭义的革命通常指推翻政权的暴力革命，广义的革命可理解为社会领域中发生的各种深刻变化，如文艺复兴、绿色革命等。正如"新石器革命"被用来形容特定领域中最早出现驯化迹象的文化变迁，以食物生产为基础的新石器时代的经济促使了人类生活方式的根本变革，在此意义上，"革命"通常指给人类生产和生活带来本质性变化的发明和发现，本书亦持这种观点。尽管那些决定文明进程的发现与发明，如远古时代动植物的驯化、当今转基因作物的出现等，并未在所有的社会里起着相同的作用，但我们不能就此忽视它们的重要性。在人类早期适应周围环境的进程中，曾从自然界得到最大的效益。而今天的潭村之所以能种植转基因作物也与其自然条件有一定的关系，只不过村民的种植行为不是源于偶然，这在第二章将会详述。

最早的农人使用的劳动工具同他们的先驱者——发达的采集者使用的工具很类似。因此，远古的经济—文化类型同生态学，包括从野生植物中选择栽培作物并储存该作物的可能性密切相关。在东南亚地区农业发展史的实例中，栽培并囤积的禾本科作物的作用得到了全面的证实，这一行为最终导致阶级与国家的形成以及社会阶级的分化。相反其他种植块根、块茎植物的农业地区，并未引起任何显著的社会变化。例如，公元前 4000 年，喜马拉雅山麓开始种植水稻，后来水稻非常迅速地传播、普遍地成为东南亚大多数居民的主

---

[1] 范可："在野的全球化：旅行、迁徙、旅游"，载《中南民族大学学报》2013 年第 1 期。

[2] *The Oxford English Dictionary*（*Second Edition*），Oxford：Clarendon Press，1989：840.

悄无声息的"革命"？ ——转基因作物与一个华中乡村的社会变迁

要粮食作物，最后使得当地社会发生了巨大的变化。❶ 也有学者研究新技术扩散的社会影响，如乡村社会学家曾研究农民之间新农业技术的传播❷和新小麦品种的筛选对乡村社会的影响。❸ 有学者认为，当确定了植物栽培的中心，随着时间的流逝，栽培技术便会从该中心向外扩展。但是，我们不应完全把农作物种植传统与植物的这种迁移当作通常的文化扩展那样加以研究，因为技术扩散的过程是复杂多变的，这在本书第三章将会讨论。有学者认为，农业种植在空间与时间上的传播乃是民族之间相互影响的长期而复杂的历史过程，正如早期农人的经济—文化类型，在今天特别是在热带地区还继续存在，只不过这些类型的性质特征得到了某种发展。著名的考古学家谢苗诺夫（Semenov）按照加工相似类型土壤的经验程序研究铁铲的运用，发现铁铲在被各种植物根系交织在一起的土壤中进退两难，其劳动效果并不能超过土著工具。在巴布亚—新几内亚，马克莱（Mikeluhuo. Makelai）曾考察了土地加工过程的变体工具，男人们用长长的尖头木棒翻动地表，跟在他们后面的妇女使用一端很宽的粗木棒排除断木，孩子们跟在妇女的后面，用手碾碎从树根处清理出的土块。因此，在热带森林地带，作为一种天然途径，即使是向原始的犁耕农业过渡也是困难的，这一过渡至今在许多地区还是停滞的。与之相联系的是，那些地区不存在使之过渡到较为进步的耕作类型的条件。同样在当下的潭村，家庭劳力的生产并不依赖那些复杂的机器，仍是传统的简单工具，其中有些工具的效率并未明显超出早期农耕时代的技术水准。可见农业的发展和进步在不同区域具有特殊性，而潭村农业的发展所依靠的是种植转基因作物的合理性，这

---

❶ ［苏］列舍托夫：《早期农人的基本经济—文化类型》，庄孔韶译，列宁格勒出版社1998年版。

❷ Cernea, Michael M. (ed.). *Putting Pepole First: Sociological Variables in Rural Development*, 2nd ed. New York: Oxford, 1991.

❸ Fischer, A. J., Arnold, and M. Gibbs. Information and the Speed of Innovation Adoption, *Amarican Journal of Agriculture Eeonomics*, 78 (4) November 1996, 1073-1082.

第一章 导 论

也确定了转基因作物作为一种技术创新在提高农业生产效率中的重要作用。上述研究让我们看到农业的发展与人类社会变迁的密切关系，即种植某种作物可能导致社会的巨大变迁。我国目前所研发的转基因作物多属于粮食作物，这种新型作物在乡村社会引发的变迁目前未见讨论，从而进一步凸显了本研究的重要性。

种植结构与农民的生计息息相关。潭村的村民虽然不是传统意义上的小农，但其生计仍然是以家庭为生产和社会组织的基本单位，只不过家庭收入中包含了打工收入。曾经他们的家庭成员是主要农耕劳力，现在偶尔也会雇工。黄宗智认为，"华北的小农家庭通常比依靠雇佣劳动的经营式农场能够容忍较低的边际报酬。使用雇工的经营式农场能够把劳动力的投入调整到最佳水平，但是家庭农场无法任意雇用或解雇劳动力，必须在拥有过量劳动力的情况下运作。当这样的相对过剩劳动力无法或不愿找到农业外就业的出路时，常常在极低边界报酬的情况下工作以满足家庭消费需要。"❶ 该研究还认为，在华北和长江三角洲的情况类似。在清代，华北这样的劳动力支撑了商品化过程，而在长江三角洲的土地压力面前，小农家庭为低报酬而更充分地使用家庭辅助劳动力。但同样处于该流域的潭村，今天的小农家庭生产方式已经完全改变，在本书的第四章将会讨论。无论是蔡亚诺夫还是马克思，都曾认为前资本主义的农业和小农经济会因商品化而引起质变的预言，今天看来并没有在人类学意义上的乡村社会实现。曾经处于糊口水平的小农经济依然在"随着帝国主义时代和形成统一的'世界经济'而来的蓬勃的商品化过程中延续。"❷ 正如今天的潭村，只是小农经济的内涵发生了变化。

---

❶ 黄宗智：《华北的小农经济与社会变迁》，中华书局1986年版，第1页。
❷ 黄宗智：《长江三角洲小农家庭与农村发展》，中华书局1992年版，第1页。

悄无声息的"革命"？ ——转基因作物与一个华中乡村的社会变迁

人类学家也指出，小农经济根本就不按市场经济的规律运行，❶在社会文化变迁问题上，有关"小农行为动机"的讨论仍然是人类学的兴趣，而且不只是关心那些发达的乡村，还包括内陆乡村以及他们未来的走向。乡村社会是个体理性的自利经济吗？在功能主义人类学观点中可以感觉到"理性"隐含在人类的基本动机中，但多数人并不这样认为。博兰尼（Karl Polanyi）认为，理性的选择有两种类型：一种强调个体自利的行为动机和个人利益最大化，其经济行为是最有效地使用有限资源获取和满足特定目的的过程，即所谓理性的决定之形式论（formalism）；另一种强调文化和社会系统对个体选择的限定，其经济行为是在人与环境的互动中满足物质需求的过程，即所谓实质论（substantivism）。❷由于其理性选择的依据之一是自利经济的观点而遭到批评，也引发了诸多关于小农行为动机的争论，其中最著名的是波普金与斯科特的争论。

斯科特（James C. Scott）在《小农的道义经济》中研究了东南亚地区，如缅甸和越南的小农社会安排和政治行为。斯科特认为，存在一种小农特有的规范体制，那是一种生存伦理即一套规范。小农借此预测风险与生存保障，从而以这些规范来评价其周围的制度和人群。这种伦理包含生存权利以及与一套互惠准则联系起来的权利与义务。斯科特这样描述生存伦理的社会作用："生存伦理所提供的是一种视角，一般的小农从这个视角看待他的同乡、土地所有者或官员对其资源不可避免的索取。"❸斯科特道义经济观的这些特征集中在小农的决策及政治行动的规范性基础上。波普金（Samuel L. Popkin）同样研究了东南亚小农的社会变迁，阐释了自19世纪中

---

❶ Dalton, G., Theoretical Issues in Economic Anthropology, *Current Anthropology*, 1969, 11.

❷ 转引自庄孔韶："中国乡村人类学的研究进程"，载《广西民族学院学报》2004年第1期。

❸ Scott, James C. *The Moral Economy of the Peasant：Rebellion and Subsistenc in Southeast Asia*. New Haven：Yale University Press. 1976.

期以来越南农村的政治经济。与斯科特不同的是，他在《理性的小农》中关于动机的核心假设是，小农是使其个人福利或家庭福利最大化的理性人。他们主要出于家庭福利的考虑而不是为群体利益或道义价值观所驱使。"这里的理性，我指的是，个人对基于其偏好和价值观的选择所可能产生的结果进行评估。在此过程中，他们根据对结果概率的主观估计来预估每一次结果。最后，他们做出自认为能够最大化其预期效用的选择。"❶ 波普金认为，既然小农是理性的决策者，那么就可以将经济学的分析工具应用到分析小农的行为上来，并用来解释小农社会的大量特征。二者的争论为本书探讨村民种植转基因作物的行为动机提供了富有价值的洞见，但中国的乡村社会有其深远的传统和特殊性，我们不能简单地采纳斯科特或是波普金的观点，而应将其动机嵌入中国传统乡村社会所延伸的变化中来考量。

费孝通认为："乡土社会是靠亲密和长期的共同生活来配合个人的相互行为，社会的联系是长成的，是熟习的，到某种程度使人感觉到是自动的。只有生于斯、死于斯的人群里才能培养出这种亲密的群体，其中各个人有着高度的了解。"❷ 这在空间上就有了要求，必须是共同生活在一方小天地里，这小天地多少是孤立的，也即"在家"感。乡民的行为也是基于"礼治秩序"和地方上的"长老统治"，"人的行为有着传统的礼管束着。儒家很有意思想形成一个建筑在教化权力上的王者；他们从没有热心于横暴权力所维持的秩序。在亲密的血缘社会中商业是不能存在的，商业是在血缘之外发展的。地缘是从商业里发展出来的社会关系。血缘是身份社会的基础，而地缘却是契约社会的基础……从血缘结合转变到地缘结合是社会性

---

❶ Popkin, Samuel L. *The Rational Peasant: The Political Economy of Rural Society in Vietnam*. Berkeley: University of California Press. 1979.

❷ 费孝通：《乡土中国生育制度》，北京大学出版社1998年版，第44页。

悄无声息的"革命"？ ——转基因作物与一个华中乡村的社会变迁

质的转变，也是社会史上的一个大转变。"❶ 这是费孝通笔下的传统乡村社会，显然更倾向于斯科特意义上道义经济统治的社会。但社会是不断变化的，处于社会变迁中的小农行为有其复杂性，其动机也是视情况而定的，如黄树民曾在"林村的故事"❷ 中就表达了这一观点。他以林村党支书叶文德的个人经历来解读闽南乡村社会的生活变迁。叶文德身上既有对饱受苦难的民众的深切同情，又有理性算计的处世哲学，他同时以道义和理性来左右自己的行为。黄树民笔下的村民事实上和大部分中国农民没什么区别，他们身上常常具备中国农民的典型性格。在黄树民看来，波普金与斯科特对小农行为动机的争论显然是没有必要的，因为二者的争论完全可以在中国乡村社会的小农身上找到契合点。正如当下潭村的村民，在涉及金钱问题上的理性算计，在对待其他事情上也有道义经济的考虑，即便在种植转基因作物的行为上，我们看到的理性也是有限的理性。不可否认在村民身上存在许多缺点，但正是这些缺点才让我们看到更加丰满的乡村社会变迁的面相，从而更具客观性。

斯科特和波普金在小农的政治行为动机上也存在分歧。斯科特集中研究了东南亚地区 20 世纪 30 年代萧条时期的起义。对斯科特来说，生存伦理的细节提供了一把理解小农政治行为的钥匙，他认为，现有的物质关系与生存伦理的内容之间不和谐程度在解释抵抗和起义方面有关键作用。斯科特把小农的集体行动大多看做反抗性的，是针对传统的生存权利所遭受到的攻击的回应。如同斯科特一样，波普金也关注解释大规模集体行动如起义和抵抗等事情的小农政治行为，他讨论了该地区 20 世纪的反殖民主义运动史，如高台教、和好教及共产主义运动。波普金对小农政治行为的分析明显不同于斯科特的观点，他主张，小农一般不会发动守旧的或向后看的

---

❶ 费孝通：《乡土中国生育制度》，北京大学出版社 1998 年版，第 75 页。
❷ 黄树民：《林村的故事》，素兰、纳日碧力戈译，生活·读书·新知三联书店 2006 年版。

第一章 导 论

斗争；起义及一致的抵抗运动常常被用来反对最不合理的传统农村制度。主要是越南小农一般不反对现代市场制度和商品性农业，因为市场农业与殖民政府的出现，一般不妨碍小农的福利。波普金认为，小农运动是有远见的，因为小农行动者估计各种行动对他们将来的利益产生的效果，从而作出有关其政治行为的决策。相比之下，斯科特预先假设了教唆事件、小农的道德观与小农政治行为之间的一种更直接的关系。❶ 在传统乡村社会，村社规范与再分配制度能够保证穷人的生存需要；而在现代农村生活中，现代国家与商业化经济已经瓦解了这种道义经济。斯科特曾将这个故事用到20世纪晚期的马来西亚，在那里检验了农业社会中绿色革命的效果。从以上分析来看，二者在关于小农的动机、目标以及集体行动（尤其是革命运动）的进程方面存在分歧。尽管如此，二者的争论对本研究也富有启发，它将村民种植转基因作物的事件带到了"革命"的视角，或许这种革命完全与政治运动无关，也不是马克思意义上推翻政权的暴力革命，但其对潭村生产和生活的"改造"是革命性的，这在本书的第四、五章将会讨论。

西方"革命"的理念通过法国大革命、俄国十月革命等重大历史事件作为中介传入中国，使中国传统的革命意义开始摆脱"改朝换代"的观念，产生了中国式现代革命观，即纳入西方revolution中的进步或彻底变革的现代含义。中国式现代革命观同西方revolution的最大区别在于它还用来指"天道"。当"革命"用于表达新天道时，平等和取消一切差别变成代替儒家伦理的新时代道德，周期性的轮回被不断向前进步的观点取代了。当它用于指涉个人道德时，进步是代表天道的，亦意味着个人道德必须不断向前提高，首先是解除旧制度压迫和束缚。这既是对西方近代revolution意义学习的结

---

❶ ［美］李丹：《理解农民中国》，张天虹、张洪云、张胜波译，江苏人民出版社2008年版。

21

悄无声息的"革命"？——转基因作物与一个华中乡村的社会变迁

果，也是中国文化大传统对西方革命观点的重构。❶ 事实上，革命这些新含义作为传统结构的现代转型，也为本研究中的"革命"概念提供了理论基础。

在现代中国乡村社会，"革命"常用来指政治经济体制改革，如"文化大革命"期间，儒家伦理被抨击并实施人民公社的大型集体化农业，以彻底取代传统的家庭小农经济。这种轰轰烈烈的革命举动造成了在形式上废止小农家庭经济传统的效果。如果将解放后的前30年和后20年加以比较，可以支持这样一个见解：只要乡土社区的传统农业水平依旧，仅仅形式上的公有制并不能终止中国以家庭为单位的小农经济，因为孔孟传统理念性与制度性的家族主义早已和小农文化融为一体。很明显，集体化时期压抑了农人的个人进取精神，因此大集体主义的生产积极性从来没有得到发挥，而实际上中国农人的积极性仍然隐藏和聚集在家庭单位之中，一旦打破平均主义的集体公有制，实行以家为单位的联产承包制，中国农人并未泯灭的家族主义精神和农业生产积极性兴盛之猛烈令人吃惊。从潭村联产承包后种植结构的迅速变化也可见此端倪，改革开放以来，以家庭联产承包制开始的新的农村政策的实施，可视为中国政治向文化的妥协，即承认文化的连续性和否定文化中断的可能性。

在中国历史上，曾作为农民起义导火线的灾荒、饥荒、繁重的赋税等，首先是危及了农民的安全生存。斯科特主张的农民的"道义经济"原则提示了存在引起农民反抗的行动限度。按中国汉人社会的惯常用语，类似于"不仁不义"的社会经济不公正行为，其实质是当政者违背了农民心中的社会平等观，对农民的剥削达到了不可忍受的限度，最终导致了农民的抗议。从20世纪中国农民所经受的多次战乱和社会政

---

❶ "革命观念在中国的起源与演变"，载 http://his.snnu.edu.cn:8000/forums/t/1633.aspx。

治变故影响，可见其生存的被动状态及其各种应对方式。地方社会史和人类学研究曾注意到福建农民逃荒与移民、饥荒暴动、农民抗租、"文革"时期的农民怠工、"上有政策、下有对策"等多种多样的农民对变革的应对方式。❶ 这说明农民社会的道义经济问题即使是最基本的问题，也最终需要理解农民的思想与行为方式的小传统形貌，即乡村社会的地方文化才能得到答案。

而了解真正的乡村文化要深入到时空关联的历史传统中去，这种传统包含在农民嬉笑怒骂的民间谚语之中，也出现在基于农民生存经验的公共道德。阎云翔在家庭和私人生活的变革中即是从农民生活的体验出发，❷来阐释现代性对农民情感生活的形塑。在阎看来，在现代性的背景中，国家是通过剥夺老一代人的权力，赋予年轻人在婚姻和家庭生活中的自主权利来摧毁传统的家庭生活方式的，这种私人生活的改变可谓革命性的。在集体化时代，由于人们共同享有社会主义新道德，中国村庄的伦理性和生活互助得到强化，在改革开放的大浪潮之中，市场化迅速摧毁了农民过去大体和谐的生活和村庄。同时市场化的消费主义意识形态也刺激了农民的信仰和生活，使他们开始抛弃传统的生活意义系统。❸ 因此，人类学的乡民研究不只是关于宗族和家族形态成因的学理问题，也包括农民社会系统和全球化进程衔接的未来问题。在当下的潭村，我们已经看到，在全球化的经济、市场乃至文化冲击下的农业社会，无数青年人从农村流出，削弱了农业生产的中坚力量，然而，转基因作物的引入变相支持了劳动力的外流，更重要的是削弱了地方农民文化的根基。我们不知道未来乡村社会在农业上的独特性在何处，因为地方文化

---

❶ 庄孔韶："中国乡村人类学的研究进程"，载《广西民族学院学报》2004年第1期。
❷ 阎云翔：《私人生活的变革》，龚小夏译，上海书店出版社2006年版，第1页。
❸ 陈柏峰："现代性、村庄与私人生活——评阎云翔《私人生活的变革》"，载《学术界》2006年第4期。

悄无声息的"革命"？ ——转基因作物与一个华中乡村的社会变迁

传统就包含在其中，这也是本书讨论的主题之一。农业社会的变革和农民无力的或有力的社会回应，如何在全球化进程中保持地方文化的精髓，而不是植入和替代，是我们要共同思考的问题。

三、中国乡村社会变迁的历史经验

在上述的讨论中，我们已经看到小农行为动机与乡村变革的复杂性。乡村社会变迁特殊在社会生活中的"变"字，变意味着没有范式，是要在时间的长河中来把握的，变迁本来就是一个国家或地方的历史，这使得对于乡村社会变迁的研究在很多时候难与社会史研究区分开来。正如费孝通所强调的，在社区中进行田野工作的社会人类学者应当尽可能地注重历史背景，最好的方法是和历史学合作进行社区研究，不论研究的是哪层次的社区都须具有时间发展的观点，而不只为将来留下一点历史资料。真正的"活历史"是前因后果串联起来的一个动态的巨流。从某种程度上来说"历史是反理论的"，[1] 历史没有理论是因为没有令人满意的理论能将时间、波动与变化进行理论化的模式。社会科学和人文科学中的理论建构基本上是共时性的，而社会变迁的实践随时间而流动，与我们要使他们遵从的来自社会科学的种种模式毫不相容。从这种意义上来说，社会变迁是没有理论范式的。正如传统人类学的理论研究都是在民族志中呈现社会的变化，意在为我们提供一种看待社会或文化变迁的视域，而不是提供一种现存的理论让我们削足适履地运用。在乡村社会变迁这一研究主题中，我们即将看到的是百花齐放的经验研究态势。

中国乡村的社会变迁，离不开农村政治经济体制的改革，从某种意义上来说是典型的制度催生型变迁。农村的改革和变化不但直

---

[1] 杜赞奇："为什么历史是反理论的？"，见《中国研究的范式问题讨论》，社会科学文献出版社 2003 年版。

接决定了自身的经济发展进程，也对国家的工业化、城镇化乃至现代化带来了深远影响。其影响之广袤足以让学者为之驻足，而乡村政治与经济变迁的研究也相伴登上二重奏的历史舞台。其实在很多时候，我们都无法将农村社会的经济、政治和文化变迁完全分开，因为社会变迁无论怎样快，它们都是整个社会结构中的一部分，在农村社会的消长也是互相关联。❶ 这里只是为了方便讨论而作的"理想型"的划分。

　　海外学者对于中国乡村政治变迁的研究大多始于20世纪60年代前后。最初多关注政治体制变迁下的农村和农民生活，代表性的著作如戴维·柯鲁克（David Crook）和伊莎贝尔·柯鲁克（Isabel Crook, 1959）的《十里店：一个中国村庄的革命》、《十里店：一个村庄的继续革命》和《邑阳公社的头几年》，杨庆堃的《共产主义过渡初期的一个中国农村》，威廉·韩丁（William Hinton）的《翻身：一个中国村庄的革命纪实》和《翻身：一个中国村庄的积蓄革命》，陈佩华（Anita Chan）、赵文词（Richard Madsen）、安戈（Jonathan Unger）的《陈村：毛泽东时代一个中国农村的近代历史》，葛迪斯（W. R. Geddes）的《共产党领导下的农民生活》，这些民族志都有丰富的田野资料，为我们了解集体化和人民公社时期乡村社会的政治制度变迁提供了参考，有很高的史学价值。国内也有学者关注这一时期农村政治体制的改革和变迁，如张乐天的《告别理想——人民公社制度研究》、罗平汉的《农村人民公社史》等。随着改革开放给农村政治带来的巨大变化，西方中国农村政治领域的学者，遂将目光转向国家与农村社会关系变迁的研究。代表性的著作如魏昂德（Andrew Walder）的《现代中国国家与社会关系研究：从描述现状到解释变迁》、杜赞奇（Prasenjit Duara）的《文化权力与国家——1900—1942年的华北农村》、弗里德曼（Freedman

---

❶ 费孝通：《乡土中国生育制度》，北京大学出版社1998年版。

悄无声息的"革命"？ ——转基因作物与一个华中乡村的社会变迁

Maurice）的《中国东南的宗族组织》、黄树明的《林村的故事：1949年后的中国农村变革》、萧凤霞（Helen Siu）的《华南的代理人与受害者》等，他们的作品开始尝试将改革开放初期的社会事件和农村社会变迁浓缩于一个具体村落，是宏观的社会史和微观的个人史有机结合的研究范例。自颁布《村民委员会组织法》以来，国内外学者开始关注村民自治推动过程中国家与社会的关系以及农村和农民生活的变迁，如欧博文（O'Brien Kevin）的《在中国村庄实施的政治改革》、罗伦斯（Lawrence Susan V.）的《村代表大会：民主，中国风格》；国内的著作如于建嵘的《岳村政治——转型期中国乡村政治结构的变迁》和吴毅的《村治变迁中的权威与秩序——20世纪川东双村的表达》，这两部专著都对一个村庄的政治社会变迁和农民生活进行了详尽的考察和分析。随着改革开放的进一步深入，学者将研究的重心逐渐转向现代化进程中农民遭遇急剧变迁后的反映和社会后果，如应星的《大河移民上访的故事》、于建嵘的《底层立场》、贺雪峰的《组织起来：取消农业税后农村基层组织建设研究》等。此外，贺雪峰在《村治模式：若干案例研究》一书中提出了"农村区域比较"的方法论，为农村政治变迁乃至整个中国农村研究方法论的创新注入了活力。

对中国乡村经济变迁的研究是与方法论的转向相伴而生的，而这在整个中国乡村社会研究史上都是至关重要的。早在20世纪20年代乔启明就开始关注中国农村经济，在其发表的《中国乡村建设问题的过去与将来》一文中开始使用"乡村社区"这一概念，成为20世纪前期中国农村社区研究的主要开创者。随后，以吴文藻为代表的一批本土社会学和人类学学者倡导用社区研究的范式来展开对中国社会的深入研究，主张"社区"是了解社会的方法论和认识论单位。沿着吴文藻的方向，费孝通以社区研究的方法，从江村到禄村，从禄村到易村，再从易村到玉村，调查研究了不同类型的中国乡村。在《江村经济》一书中把农民的"生产、消费、分配和交换"一系列经济生活描绘得淋漓尽致,以此为基础探讨基层社区的社会结构和农村经济变迁过程,并试图把握此种变迁对于乡村与整个国家的意义。虽然同为农村社区的研究,但乔启明主要是从如何服务乡村社会这种功能的角度去研究,而费孝通更多关心的是农村社会的结构。❶从《乡土中国》的后记中其初步提出"格式"的概念可以看到这一倾向。由于海外学者弗里德曼(Maurice Freedman)和施坚雅(G. William Skinner)对社区研究的质疑,认为社区分析无法体现中国社会的特点,也促使学者进一步反思。费孝通早在50年代之前就已经意识到社区研究在解释上的局限性,由此成为国内学者反思农村及其社会变迁研究方法论问题的滥觞,遂倡导用比较法来研究中国乡村不同社区的结构及其所发生的种种变革,形成了从村庄"社区研究"到村庄"类型比较"的转向,其后期的著作《农村、小城镇、区域发展》则将研究推向更加广阔的视域。施坚雅的《中国农村的市场和社会结构》也是反映农村经济变迁的力作,他将视野从"村庄"延伸到了近现代社会中"集市体系"的变迁,将此与中国现代化进程迟滞的原因紧密关联起来,探求集市贸易体系在社会经济大变动中的走向及其历史影响。他跳出村庄范围对传统中国经济空间进行分析和解释的模式对后来学者也产生了重要影响。

对比20世纪60年代前后的乡土中国研究,在方法论转向的指导下,新一代的学者在社会调查中开始把注意力集中在村庄与"中国"的关系上,努力探索一个能够将具体的村落研究升华为对中国乡村乃至整个社会的认识和分析框架。❷在此基础上,农村经济变迁的研究也涌现出一批有影响力的著作,如黄宗智(Philip C. Huang)的《华北的小农经济与社会变迁》,该书以变迁为主线,以自然村为重点,研讨村庄与国家的关系,揭示了华北农村社会分化的特征;

---

❶ 张玉林:《乔启明文选》,社会科学文献出版社2012年版。
❷ 李富强、徐杰舜:"乡土人类学研究回顾(下)",载《湖北民族学院学报》2008年第1期。

悄无声息的"革命"？ | ——转基因作物与一个华中乡村的社会变迁

庄英章的《林圯埔》分析追溯了林圯埔经济变迁的历史和非正式组织的发展过程，探讨了经济发展和社会文化因素之间的相互关系；此外，波特（Jack M. Potter）的《资本主义与中国农民——一个香港村庄的经济变迁》、郝瑞（Steven Harrell）的《犁头村》等都是经典之作，他们意在通过村庄研究，来理解中国农村经济变迁的一个侧面或过程，这种"以小见大"的风格为后续的研究者带来诸多启发。与之形成补充的是，部分学者关注中国农村经济制度各个侧面所发生的深刻变化，如卜凯（John lossing Buck）的《中国农家经济》、马若孟（Ramon Myers）的《中国农民经济》和杨懋春的《中国农业社会的变迁与发展》。匡内学者晚近的作品有蔡昉等人的《中国农村改革与变迁：30年历程和经验分析》、王春光的《中国农村社会变迁》、陈吉元的《中国农村社会经济变迁》、许经勇的《中国农村经济制度变迁60年研究》等，这些研究都对中国农村经济的变迁做了全面系统的审视，有助于我们从宏观上把握农村经济体制改革的过程和方向。

尽管在轰轰烈烈的政治经济变迁的影响下，文化变迁略显低调，但它的重要性却毋庸置疑。梁漱溟曾在"乡村建设"❶的设想中提出中国的问题虽然包含政治经济问题，但实则为近代西方文明冲击造成的文化失调问题，其出路是改良文化而不是制度革命，解决乡村问题进而解决中国问题的唯一出路是通过乡村建设复兴中华文明，也由此道出了文化变迁在乡村建设中的特殊地位。尽管梁先生的设想并没有完全实现，但我们必须认识到，生活在现代民族国家，无论是美国、巴西还是加纳，意味着我们都要依靠政治和经济上的"他者"——无论是个人还是特定的社会——来保证我们的持续的生存，而这个他者在某种意义上就是文化。这也促使我们不得不对文化变迁与现代性的关系做思考，❷ 尽管调节我们与环境之间关系的文

---

❶ 梁漱溟：《乡村建设理论》，上海人民出版社2006年版。
❷ 王铭铭："文化变迁与现代性的思考"，载《民俗研究》1998年第1期。

化，从国际层面来说，是被政治（国家）体系和经济（市场）体系强有力地塑造着。早期关注文化变迁的学者多从村庄入手，将目光聚焦到农村家庭结构和亲属关系的变迁上，如葛学溥（Daniel Harrision Kulp）的《华南的乡村生活：家族主义的社会学》、林耀华的《金翼》、庄孔韶的《银翅》、杨懋春的《一个中国村庄——山东台头》、许烺光的《祖荫下》和阎云翔的《私人生活的变革》，着重叙述了中国地方社会与文化的变迁过程，也意在告诉我们乡村生活并不是孤立存在的，它的变迁可以视为某阶段整个中国社会精神变化的一个缩影。此外，施坚雅利用在东南亚田野调查的资料，撰写了海外华人文化变迁的系列文章；郝瑞（Stevan Harrell）通过在中国长期的田野调查，对汉人父权制在中国的历史演变做了精辟的分析，其提出的"多地点民族志"对人类学田野调查方法的演进产生了重要影响。❶ 以上研究不仅注意到了具体问题的调查与描述，也顾及文化的各个方面和文化整体，观察并较为准确地报告所见到的种种现象，调查结果具有较强的规范性和通用性，❷ 对国内学者的民族志写作风格影响颇深。晚近对文化变迁研究的作品有百花齐放之态势，如王铭铭关于乡村文化变迁的系列著作，郭于华对仪式与社会变迁的研究，范可从文化和认同的角度对闽南回族社区建筑风格变迁的讨论，赵旭东对华北乡村庙会文化变迁的研究，周大鸣以凤凰村为个案的文化变迁探讨，翁乃群的南昆铁路建设与沿线村落社会文化变迁等诸多民族志，都体现了人类学关注"文化"的传统，为中国农村社会变迁的研究增添了文化的风情。

从中国乡村社会变迁研究的现状来看，当"三农"话语及继起的"新农村建设"取代自治、民主、改革成为新时期农村领域可能

---

❶ 郝瑞、张海洋："人类学研究的种种困惑（四）"，载《民族艺术》2004年第4期。

❷ 哈正利：《社会变迁与学科发展——台湾民族学人类学简史》，民族出版社2009年版。

悄无声息的"革命"？ ——转基因作物与一个华中乡村的社会变迁

引起全社会关注的新热点之后，[1]"农村社会变迁"作为农村研究的一个侧面，也在不断地演进和发展。对中国农村社会变迁的研究已经由最初聚焦于变迁的推动力量、影响因素转向变迁的反映和社会后果，关于变迁的话题也逐渐地被诸如遭遇变迁后的农民维权、农民抗争等新话语替代。此后，学者在研究农村社会变迁时大多拘囿于"问题取向"，尤其在"三农"成为问题之后，这种取向更为明显，[2]而在"国家与社会"的范式影响下，许多研究的结论出现"泛政治化"和"问题解决"倾向，给人的感觉是农村很畏惧改变。的确，对农村社会变迁中出现问题的研究非常重要，但社会变迁不一定带来社会问题，我们应客观认识农村发生的各种变化，正确评价社会变迁所带来的后果。在未来有关农村社会变迁的议题中，仍有些是值得我们关注的，下面就未来可能的拓展方向做讨论。

正如我们已经熟知的，在解读乡村社会变迁的主题上，无论变迁中的官民关系是"官强民弱"或"官弱民强"，变化的农村生活是"结构—制度"还是"过程—事件"的看待，所有的讨论都是在变化中做文章，但或许所有的争论都有一个共同目的，那就是获得对农村社会变迁的科学解释。即便是从当前乡村社会秩序来看，无论是"刚性稳定"抑或"韧性稳定"，[3]社会都是稳定的，稳定和不变是前提，我们应由此运用和理解乡村社会变迁的概念。也就是说，我们更应该从不变中研究变化，寻找研究的共同基础，即是说变化蕴含在不变当中。只有在一个"不变"的框架下来把握"变化"的问题，这样才能厘清农村社会"变"和"不变"之间的复杂纠葛关

---

[1] 吴毅、李德瑞："二十年农村政治的研究与转向——兼论一段公共学术运动的兴起与终结"，载《开放时代》2007年第2期。

[2] 庄孔韶、赵旭东、贺雪峰、仝志辉、卢晖临、林聚任等："中国乡村研究三十年"，载《开放时代》2008年第6期。

[3] 于建嵘："从刚性稳定到韧性稳定——关于中国社会秩序的一个分析框架"，载《学习与探索》2009年第5期。

系。比如，随着农村社会的变迁，现在的"熟人社会"和传统的"熟人社会"可能有所不同，但并非就比"半熟人社会"❶或"去熟人社会化"了。费孝通的"熟人社会"概念我们应该在社会结构意义上来理解，它体现的是乡村社会的结构性特性，❷正因为有了这种理解才使城市生活和乡村生活的真正分野成为可能。从一定意义上来说，只要农民和村庄没有消失，熟人社会就会存在。由此我们可以看到，用费孝通"熟人社会"的概念来解释当下的乡村社会生活变迁仍然是有张力的。这样我们就可以和本土的中层理论对话，而不是一味地追赶西方理论，从而在乡村研究中发现许多内生性的有价值的课题。在本书的第五章我将通过村民围绕"杀猪请客"建构的社会关系，来阐释乡村社会变迁中"熟人社会"内涵的变化。

　　随着中国社会的日益发展和稳定，乡村体制催生型的社会变迁会慢慢蜕变，推动乡村社会变迁的因素也会由外生型逐渐转向内生型。这时我们就不仅要看到推动社会变迁的直接因素，更要注重一些边缘的微观社会中的人和事在社会历史形成和发展过程中所起到的作用，❸由此关注社会变迁的派生性对乡村社会的影响。关于派生的社会效果的一个例子是美国轧棉机的发明导致的社会变迁：轧棉机简化了棉花的处理程序，创造了棉花的更高利润，促进了更多棉花的种植，而种植更多棉花又需要更多的奴隶。奴隶的增多，以及南方经济日益依赖棉花出口，都对内战爆发起了作用，奴隶增多和南方对棉花的依赖极大地刺激了大规模工业和商业垄断的发展。大规模的工业和商业垄断反过来又鼓励了反托拉斯法和工业的产生，

---

❶ 贺雪峰："农村的半熟人社会化与公共生活的重建——辽宁大古村调查"，见《中国乡村研究（第六辑）》，福建教育出版社2008年版。
❷ 赵旭东："乡村理解的贫困——兼评陈柏峰乡村江湖"，载《中国农业大学学报》2011年第1期。
❸ 徐新建、王铭铭、周大鸣、徐杰舜、朱炳祥、王明珂等："人类学的中国话语——第六届人类学高级论坛圆桌会议纪实"，载《广西民族大学学报》2008年第2期。

悄无声息的"革命"？ ——转基因作物与一个华中乡村的社会变迁

如今这种链条式的反应仍在继续。显然，并不是所有这些事物的出现都可被认为是与轧棉机的发明直接相关，但是轧棉机的确对它们的产生起了一定作用。❶ 这是研究社会变迁的一个典型的例子，也说明那些引起社会变迁的间接因素恰恰是我们在研究中容易忽略却仍然重要的东西。随着全球化给世界格局带来的变化和冲击，在中国农村社会中这种变迁现象将变得越来越普遍，恰如转基因作物与农村社会变迁的关系，我将尝试运用上述社会变迁的派生性来建构本研究的思路。

全球化无疑会给中国的乡村社会变迁带来新的机遇和挑战，这也可能是未来我们要关注的。随着整个世界日益卷入全球市场，以往那种与世隔绝的部落或社区早已不复存在。在信息四通八达的当今世界，甚至最边远的地区也不存在与外界全然无涉的政治和文化，❷ 社会变迁的频率和速度都在变化之中。也许，发展农村社会变迁研究新议题的契机就在于此。我们常常看到，全球化所带来的网络世界里，不同国家内部地方上族群的话语与国际上一些组织的话语似曾相识，不同的信仰群体的意识形态可以通过互联网施加影响，它甚至可以改变不同社会原有的政治和社会组织形式，而这给了村民看世界的窗口同时也可能使农村原有的秩序遭到破坏。随着全球化导致的国际和国内社会流动态势的增强，新技术和新文化的传播也越来越便捷，这给地方性文化造成了冲击，即便是村庄也不可避免地受到全球化所带来的异质文化的影响，村民改变了传统的文化模式和生活方式，许多族群正在变得越来越同质化。中国农村社会的变迁仍在继续，处于急剧变迁中的村庄将何去何从，我们似乎很难绘出一幅中国历史变迁的动力和形式的内容连贯一致的图画，而本研究所要描摹的潭村，正是全球化形塑下地方文化变迁的一个缩影，只不过在这里将其与转基因作物的种植联系起来思考。下面对

---

❶ Ogburn, William F. *Social Change* NewYork：Viking, 1950.
❷ 范可："政治人类学今昔"，载《广西民族大学学报》2008 年第 2 期。

转基因作物的背景知识做简单介绍。

四、转基因作物、文化与结构

转基因植物（Genetically modifiedplant，GMP），是指通过基因操作技术对遗传物质即 DNA 进行重组、修饰，从而改变基因组成分或基因表达的植物。由于转基因技术打破了不同物种之间的天然杂交屏障，实现了不同物种间基因交流，从而获得新的性状，加快了农作物育种进程。❶其中以转基因农作物（Genetically modifiede crop，GMC）发展最快。❷

1983 年世界首例转基因植物——转基因烟草诞生。1986 年，美国批准转基因作物进入田间试验。1994 年首例转基因作物——转基因耐储藏番茄在美国被批准投放市场，标志着转基因作物从实验室走向应用。据统计，全球转基因农作物种植面积由 1996 年的 170 万公顷，每年以两位数的速度增长，到 2013 年有 27 个国家的 1800 万农民种植转基因作物，种植面积达到 1.75 亿公顷。❸ 按照种植面积统计，全球约 81% 的大豆、35% 的玉米、30% 的油菜和 81% 的棉花是转基因产品。❹ 我国转基因生物研究始于 20 世纪 80 年代初期，迄

---

❶ 王琴芳："转基因作物生物安全性评价与监管体系的分析与对策"，中国农业科学院 2008 年博士学位论文。

❷ 转基因作物种类多种多样，输入性状包括农艺性状改良，如抗虫、抗病、抗逆境及抗除草剂等；输出性状包括农作物品质改良，如提高蛋白含量、提高维生素含量和改善营养结构等。目前应用最广的是转基因抗除草剂作物如抗除草剂大豆、玉米、油菜、棉花等，其次是转基因抗虫作物，如抗虫棉花、抗虫玉米等，抗病及品质改良转基因作物也已得到广泛应用。参见金芜军："转基因作物环境与食品安全性研究——基因漂流、毒蛋白、转基因产品标识管理政策及标准化检测技术"，中国农业科学院 2003 年博士学位论文。

❸ James C. Global State of Commercialized Biotech/GM Crops 2013. ISAAA Briefs 46. Ithaca, NY：ISAAA, 2014.

❹ 参见"2012 年全球转基因作物种植面积达到约 1.7 亿公顷"载莱芜新闻网，http：//www.laiwunews.cn/health/chanye/2013/0304/10516.html。

悄无声息的"革命"？ ——转基因作物与一个华中乡村的社会变迁

今为止，已经培育出两代转基因作物。❶ 目前，我国已研制并培育了多种转基因作物，如抗虫棉、抗病烟草、番茄、油菜等，总的来看，我国农业生物工程研究发展迅速，特别是大量的转基因植物已进入大田试验，使我国成为世界上转基因作物推广面积最多的国家之一。❷ 目前我国种植最广泛的 GMC 主要是转基因抗虫棉和油菜，其中有 60% 以上的棉花是转基因抗虫棉。❸ 有研究表明，转基因抗除草剂油菜相比传统作物的产量不断提高，这是由于该油菜的杂草管理模式更具有优势。植物育种家们一直将抗除草剂和抗虫的特性混合以形成新的基因型，以改良作物品种。没有这些转入的基因，类似的株系往往不能直接被利用，而农民们可能不得不种植以前的杂交作物。这意味着那些希望得到最好的种子的农民同时也接受了基因工程的特性。❹ 由此可见，转基因作物的广泛应用，给农村和农民创造了巨大的社会、经济和生态效益。在潭村种植转基因作物的产量是否有变化，也是我们在田野中要重点观察和验证的。

无论我们是否相信转基因作物的意义和价值，不可回避的事实是，转基因作物已经悄然走进农民的生产和生活之中，并且与农民的意识、观念、判断与选择发生了多方面的复杂联系。❺ 正因为如

---

❶ 第一代转基因作物是以抗虫、耐除草剂为主要性状的，2007 年全球转基因作物总种植面积中 63% 是耐除草剂转基因作物，18% 是抗虫作物。随着转基因技术的发展，为更充分地满足农业生产和消费偏好的需要，发展出第二代转基因作物，即以复合性状（基因叠加）、改变营养成分、抗逆及药用为代表的新一代转基因作物。

❷ 霍丽云、侯丙凯："基因工程技术与人类的可持续发展"，载《中国人口·资源与环境》2001 年第 11 期。

❸ 在国际上首次育成杀虫效果更为稳定的双价转基因抗虫棉，种植面积达 2.4 万公顷，中国成为世界上独立开发成功抗虫棉并拥有自主知识产权的第二个国家。王琴芳："转基因作物生物安全性评价与监管体系的分析与对策"，中国农业科学院 2008 年博士学位论文。

❹ [美] 马丁·克里斯皮尔，郑婕："全球转基因作物的产量和销量"，载《华中农业大学学报》2014 年第 6 期。

❺ 郭于华："天使还是魔鬼——转基因大豆在中国的社会文化考察"，载《社会学研究》2005 年第 1 期。

第一章 导 论

此，对转基因作物与农村社会变迁关系的讨论也显得尤为重要。社会大众和学界对转基因作物的关注一直方兴未艾，从已有的研究来看，集中在生命科学、农学和食品科学等学科领域，在社会科学界讨论得很少。由此看来，从学科的角度来回顾文献对本研究的意义不大，在以下的讨论中，我将围绕社会对转基因作物的关注话题做综述，主要集中在三方面：

第一，对转基因作物生物安全和风险管理的讨论。转基因作物及其产品的发展非常迅速，自转基因农作物被培育成功以来，科学家们通过实验检验其安全性的工作从未停止。然而，由于研究中存在的各种失误或缺陷，影响了实验结果的准确性，并进而引发公众对转基因农作物安全性的质疑。[1] 从科学的角度来看，转基因作物的安全性主要在于生态安全和食用安全两个方面。迄今为止，转基因作物及产品尚未从科学上被证明完全无害或确定有害，因为技术手段还未能达到确切地了解和控制插入基因的位置、表达状态及全部影响。[2] 因此，作为高科技实验成品的转基因作物，在其进入公众日常生活的过程中，因其安全性问题在全球范围内饱受争议。许多研究重在讨论转基因作物可能存在的风险，认为它给人类带来巨大收益的同时，也可能产生一系列风险，如转基因生物可能对生物多样性、生态环境和人体健康等方面产生的负面影响，[3] 未来可能出现超级害虫和杂草，甚至产生有毒或过敏物质从而威胁人类健康等。[4] 由于转基因作物的安全性尚无定论，对此问题的讨论遂成为一种"杞人忧天"似的伪命题。但这种讨论也有其意义和价值，至少可以提醒政府和科研人员进行风险管理。例如，有学者提出生产转基因植物种子，应当取得相关农业主管部门颁发的生产许可证；从

---

[1] "转基因农作物安全性典型争议事件溯源"，载《科学时报》2011年1月4日。
[2] 参见生物谷，www.bioon.com，2011年2月17日。
[3] 王加连："转基因生物与生物安全"，载《生态学杂志》2006年第3期。
[4] 张秀娟："转基因作物潜在风险分析"，载《生物学通报》2002年第8期。

悄无声息的"革命"？ ——转基因作物与一个华中乡村的社会变迁

事农业转基因生物运输和贮存的单位和个人，在农业转基因生物贮存和运输时，应当采取与农业转基因生物安全等级相适应的特定的设备及安全控制措施等。❶ 目前，我国对转基因作物的态度比较谨慎，从科学家对待转基因作物的态度可见一斑，如袁隆平指出我国目前抗病虫转基因品种的现状是没有完全放开生产市场，许多仍处于试验阶段。尽管社会各界对转基因作物和产品的安全性尚无权威结论，但转基因作物和食品越来越多地出现在我们的生活当中是不争的事实，并且逐渐引起大众的关注。同时，由于对这种新技术还没有形成统一的认识，伴随着转基因作物所产生的争论也越来越多，而且有愈演愈烈的趋势，从普通大众到各界学者再到某些政府机构都主动或被动地参与其中。随着参与面越来越广，争论焦点也从转基因技术本身是否安全的技术层面，逐步发展到产业控制权问题，最终提高到国家管理体制与国际贸易的战略高度。

第二，对转基因作物及其产品管理体制和国际贸易的探讨。从管理体制上来看，中国政府先后制定并颁布了农业转基因生物安全管理法规。1993年12月，原国家科委发布了《基因工程安全管理办法》，在此基础上，农业部于1996年7月发布了《农业生物基因工程安全管理实施办法》。为进一步加强和规范管理，2001年5月国务院颁布了《农业转基因生物安全管理条例》。随后，农业部根据《农业转基因生物安全管理条例》的精神制定并发布了《农业转基因生物安全评价管理办法》及《农业转基因生物安全进口管理办法》等一系列规则，进一步拓展了农业转基因生物安全性评价与监管范围，涵盖农业转基因生物安全评价、标识、进口管理、生产与经营许可管理，规范了农业转基因生物及其产品的研究、试验、生产、经营和进出口活动，保障了生物安全，促进了生物技术发展。有研究认为，一系列管理措施的出台对减少生物风险和人们的焦虑

---

❶ 周曙东、崔奇峰："我国转基因农产品管理中存在的问题及对策建议"，载《中国科技论坛》2006年第1期。

第一章 导 论

心态有着重要的时间意义，但仍然存在一些问题，如我国生物安全的法规体系、风险评估和管理的技术体系尚不完善，生物安全管理机构之间缺乏有效的协调和沟通等。❶ 也有研究者从转基因技术的研究、转基因的环境释放、转基因农产品的商业化生产、转基因农产品的加工、转基因生物标识等方面分析了管理上存在的问题，提出了加强对转基因农产品管理的一系列政策建议，如建立农业转基因生物安全联合协调管理机制、对农业转基因生物实行强制性标识制度等。❷ 随着转基因技术的不断发展，转基因作物及其产品在国际贸易中的比重越来越大。由于转基因产品本身安全性问题没有得到科学的确认和其他经济、文化等因素，由转基因作物及其产品引发的国际贸易争端也越来越多。有学者认为，中国作为转基因作物的种植大国，要积极加强自主知识产权的转基因生物的研究，积极参与世贸组织谈判，参与制定新的规则，大力发展我国的转基因产品出口贸易。❸ 有研究结合 WTO 有关国际多边协定，论述了转基因作物及其产品国际贸易争端产生的原因以及发生的潜在领域，说明由于科学技术的迅速发展，传统商品的国际贸易结构发生了根本转变，使国际贸易多边协定和争端解决机制都面临新的课题。随着关税进一步降低，非关税壁垒逐渐减少，复杂的技术贸易壁垒越来越成为出口的主要障碍，从而揭示出当今国际贸易争端的发展趋势，提出我国发展对外贸易的对策。❹ 总之，转基因作物以其突出的特性为中国农产品国际贸易的发展提供了新的契机。但是，由于转基因产品可能具有潜在的风险，各国间激烈的争论使转基因作物的国际贸易

---

❶ 王琴芳：“转基因作物生物安全性评价与监管体系的分析与对策”，中国农业科学院 2008 年博士学位论文。
❷ 周曙东、崔奇峰：“我国转基因农产品管理中存在的问题及对策建议”，载《中国科技论坛》2006 年第 1 期。
❸ 孟雨：“转基因食品国际贸易法律问题研究"，载《前沿》2011 年第 1 期。
❹ 李文成：“转基因产品：国际贸易争端的新领域”，载《国际经贸探索》2000 年第 2 期。

悄无声息的"革命"？ ——转基因作物与一个华中乡村的社会变迁

前途不明。如何把握转基因产品带来的机遇，谨慎地发展转基因作物是中国农产品国际贸易的现实选择。❶

第三，围绕消费者对转基因作物和产品的认知及态度的讨论。转基因技术的迅猛发展和产业化给社会带来了巨大的影响，也给人类生活带来许多意想不到的冲击，使人们对其产生了恐惧的心理反应。❷ 迄今为止，消费者对转基因作物和产品的认知及态度莫衷一是，郭于华曾通过转基因大豆在中国市场上的文化考察，来讨论消费者对转基因食品的态度和认知，认为在转基因领域，知识与权力的结合获得最为充分的显现，消费者不可能达致真正的知情。❸ 有研究表明消费者对转基因作物及其产品认知极其匮乏，关于转基因生物安全方面的知识和意识也很薄弱。❹ 也有比较显示，普通市民对转基因产品的听说程度和认知广度都不如在校大学生，普通市民对转基因产品的认可度高于在校大学生。❺ 在了解程度上也存在很大差异，有不少人声称调查前就对转基因农产品"知道一点"，但其实更多的人并不真正了解。❻ 在消费者对转基因食品认知态度上，无论是国内的还是国外的研究，主要的侧重点在于一种假设性研究，即"事前"研究。分析消费者对转基因食品的接受程度、购买意愿、态度及影响因素等方面的内容，很少研究转基因食品的实际购买行为。洪卡南（Pirjo Honkanen）等指出，信息对消费者的态度影响很大；布莱

---

❶ 潘建伟、曹靖："转基因产品对中国农产品国际贸易的影响"，载《内蒙古社会科学（汉文版）》2002年第6期。
❷ 刘科："转基因技术恐惧心理的文化成因与调适研究"，载《科技管理研究》2011年第6期。
❸ 郭于华："天使还是魔鬼——转基因大豆在中国的社会文化考察"，载《社会学研究》2005年第1期。
❹ 范丽艳、魏威、朱正歌："消费者转基因食品认知情况调查与思考"，载《中国农学通报》2010年第26期。
❺ 罗志刚、刘祖云、黄文昊："消费者对转基因产品认知度和认可度研究——以南京市普通市民与在校大学生的调查对比为例"，载《安徽农业科学》2010第29期。
❻ 宣亚南、周曙东："关于消费者对转基因农产品认知的调查"，载《中国人口·资源与环境》2002年第3期。

第一章 导 论

尔（Bredahl）认为消费者对转基因食品的感知风险和感知收益影响着态度。此外，也有学者认为消费者对生物常识的认知也会影响其对转基因食品的态度；迪斯戴尔（De Steur）等认为，消费者对转基因知识了解得越少，则越有可能对转基因食品持中立态度。[1] 就已有研究来看，多集中在对转基因产品的认知和态度上，对转基因作物的认知和态度调查几乎没有，而本研究将会涉及这一议题，这也是本研究的创新之处。

从对转基因作物的讨论来看，在宏观上集中于国家政策和产品安全性的探讨；在微观上侧重于消费者的认知和态度。从对农村社会变迁经验研究的回顾来看，学者多在社会转型和改革开放的大背景下谈论农村社会变迁，很少考虑微观因素和细节派生导致的文化变迁，而这种变迁尽管不易察觉但常常是和农民生产生活休戚相关的，正如转基因作物引入后农村的社会变迁。本研究之所以选择转基因作物与农村社会变迁这一研究主题，基于如下考虑：目前国内外争议较多的是转基因作物和产品的安全性，至于它是否会对人的健康产生影响，这一世界性问题可能要几代人之后才有答案，远不是本研究之所及，故不是本书想探讨的问题；转基因作物与产品已经硬生生地闯入了我们的生活，而农民作为种植转基因作物的主体，却被远远地抛在视线之外，即使鲜有的讨论也是出于学者常识性的判断，学者笔下呈现的主体多是无知且被动的客体，现实情况究竟如何是我想探寻的，这也是本研究的现实意义所在。

尽管我国是世界上转基因作物推广面积最多的国家之一，随着未来转基因作物研制种类的逐渐增多，其推广和种植业已势不可当，但就已有的转基因作物类型来看并不是所有的区域都适合种植。目前，我国已进入大田试验的基因作物主要包括抗虫棉、油菜、大豆、抗病烟草、番茄、马铃薯等粮食和经济作物，如果选择的田野点不

---

[1] 转引自王丽珍、徐家鹏："消费者对转基因食品的态度及其影响因素研究述评"，载《消费经济》2010年第6期。

悄无声息的"革命"？ ——转基因作物与一个华中乡村的社会变迁

具备种植转基因作物的条件，那么讨论其与社会变迁的关系则没有意义。之所以选择潭村理由如下：第一，该地的气候和土壤条件适宜种植粮食作物和经济作物，而且潭村地处平原地区，田地集中，人均耕地面积较大，这些均成为种植转基因作物的前提条件。第二，从潭村所处乡镇的发展规划和对外宣传来看，近年来，该镇重点发展棉花、水果、生猪、蔬菜、水产五大农业经济板块，拟初步形成"上头抓果，下头种棉，低洼湖区搞水产，家家户户建庭园"的格局。此地曾被誉为"中国沙梨之乡"，此地种植的沙梨先后被评为"中国十大名牌水果"、中国国际农业博览会湖北名牌产品和中国星火计划名优产品，并通过国家地理商标注册认证。位于上头的潭村，按发展规划应该是种植沙梨或其他水果的重要种植地之一，但今天的潭村却无法寻找到种植沙梨的踪迹，满眼望去的都是棉花，为什么种植结构会发生这种变化？如果曾经种植沙梨现在为什么放弃？我想把这个村子作为在中国农村社会变迁过程中种植结构发生变化的有代表性的例子来研究。第三，该镇是典型的农业大镇，潭村是典型的农业村庄，由于自然条件极佳，农业发展水平理应较高，但我发现农民的生产方式相比十年前并没有太大进步，耕地仍然用牛，割麦子仍然以人工为主……如果有变化就是人们不像以前那么忙。在田野调查的一年中，我最大的感觉就是现在的农民很悠闲。每天早晚下地干农活，从上午九点到下午五点基本上都在打麻将。一直在想平静的背后到底是什么？是什么改变了现今农民的生活方式？潭村为研究中国乡村农民生活方式的变迁提供了一个典型的调查场地。第四，我调查潭村还有一个特殊的便利条件，因为潭村是我的出生地，我在语言和风俗习惯上没有障碍。

人类学视域下的社会变迁研究多为民族志的直接呈现，常常将变迁与变革相联系，本研究借用柴尔德意义上"革命"的概念，同时取各家之所长来展开理论讨论。本书最终的目的是希望通过扎根理论构建自己关于文化变迁的概念，换言之，本研究的最终落脚点

第一章 导 论

在于对乡村"文化"的探讨。在当今社会，文化似乎比任何时候都更加时髦，不仅仅是文化人类学家，即便是后现代主义者都在毫无意识地谈论文化，因此在这里有必要对本研究中的"文化"概念做界定。"文化"的人类学含义起源于 18 世纪的德国，根据威廉斯（Raymond Williams）对"文化"一词的现代用法的追溯，德文的"文化"借自法文，起初拼为"Cultur"，从 19 世纪起拼为"Kultur"，其主要用法仍然是作为"文明"的同义词，具有两方面的含义：一是指成为"文明的"或"有教养的"普遍过程，具有抽象的意义；二是指启蒙史学家在用以描述人类发展的世俗过程和形式中所确定的文明的含义。在威廉斯看来，使"文化"一词的含义发生改变的是克莱姆（G. F. Klemm），"文化"在他那里成为独立的名词，是指一个民族、一个时期、一个群体或全人类的一种特定的生活方式。❶ 更为重要的是，克莱姆是用"文化"一词取代"文明"一词的第一人，并对文化的要素做了界定。克莱姆认为，构成文化的是"风俗、信息、技能、和平和战争时期的家庭和公共生活、宗教、科学以及艺术"。❷ 而人类学家泰勒（Edward B. Tylor）提出的著名的文化定义，"其实是把德国民族志传统移植到英国的土壤中"。❸ 如此说来，泰勒的文化概念几乎是从德国或者说从克莱姆那里舶来的，尽管如此，泰勒的文化定义仍然对我们从事人类学研究具有重要的指导意义。泰勒认为"文化或文明，从其宽泛的民族志意义上来理解，是指一个复合整体，它包含知识、信仰、艺术、道德、法律、习俗以及作为社会一个成员的人所习得的其他一切能力和习惯。"❹ 在泰勒看来，"复合整体"无疑是文化的核心概念，也

---

❶ Raymond Williams, *Keywords: A Vocabulary of Culture and Society*, NewYork: Oxford UP, 1983: 88-92.

❷ William Y. Adams, *The Philosophical Roots of Anthropology*, CSLI Publications, 1998: 287-288.

❸ William Y. Adams, 1998: 297.

❹ Edward Tylor, *Primitive Culture*, London, 1913: 1.

悄无声息的"革命"？——转基因作物与一个华中乡村的社会变迁

正是因为使用了"整体"这一术语，后来的解释者都将其归入整体论一脉，甚至认为有机整体论是其思想来源之一，尽管这在某种程度上是一种误读。按照克鲁伯（Kroeber A. L.）对其概念的评价，"文化"是20世纪的伟大发现。由于文化概念具有整合的性质，使得许多学科都争先恐后地同文化人类学结缘认亲，乃至交叉再造，产生出一批活力四射的文化研究热潮。❶

在美国，博厄斯（Franz Boas）使文化研究进入了文化相对主义阶段；在英国，布朗（A. R. Radcliffe‐Brown）和马林诺夫斯基（Bronislaw Malinowski）把文化研究带入了结构功能主义和功能主义时期。马林诺夫斯基认为，文化是由"人的基本需要"组成的，如吃喝、繁衍、安全等。这些基本需要存在于个体的意识而不是群体当中。这些基本需要的作用在于共同促进了社会的整合，从而满足个体的基本需要。所以，马林诺夫斯基强调的是文化的个体化，这一点也恰恰是他与结构—功能主义的分歧点。"依我所见，布朗教授仍在发展和深化法国社会学派的观点。因此他忽略了个体并对生物学不屑一顾。或许，功能主义与其他社会学理论的更明确的差别在于关于个人的概念和定义上，而不在其他方面。功能主义者的分析不仅包括了心理过程的情感和智力方面，而且强调我们的文化分析必须包括人的全部生物存在状态"。❷ 如果说他的功能主义是"个体的"和"文化的"，布朗的结构—功能主义文化观则是"社会的"和"结构的"，但二者的共同之处在于都强调文化的多元性，把文化视为一种生活方式，认为文化是具体的和特殊的，所以他们的文化观与泰勒的整体文化已有了明显的差别，❸ 但仍然是在泰勒整体观上

---

❶ Kroeber A. L. and Kluckhohn C., Culture: *A Critical Review of Concepts and Definitions*, New York: Vintage Books, 1963: 49.

❷ Malinowski, B., Review of Six Essays on Culture by Albert Blumenthal, *American Sociological Rellview*, Vol. 4, 1939: 939.

❸ 萧俊明："文化与社会结构——文化概念解读之二（上）"，载《国外社会科学》1999年第4期。

第一章 导　论

的延伸。泰勒无所不包的文化概念也曾遭到了质疑，因为其存在"虚与实"难以区分的诟病，即"复合整体"其实是一个虚构，而它的构成要素却是实在的，于是就形成了一种虽可以经验其各个要素却无从知晓这个整体究竟为何物的"悖论"。美国学者本尼迪克特（Ruth Benedict）非常具体地描述了这样一种"悖论"。她认为，"各种文化大于其特质的总和。我们可能对某一部落的婚姻形式、仪式舞蹈、青春期启动的分布情况了如指掌，但仍对把这些要素用于其自己目的的作为一个整体的文化全然不知。这个目的从其周围地域中的可能特质中选择那些对它有用的，放弃那些对它无用的。它将其他特质进行重新铸造，使之符合它的要求"。❶

尽管本尼迪克特意识到文化整体论的问题，但并没有提出可以操作的定义，真正将文化概念向前推进的是克鲁伯和克拉克洪（Kluckhohn C.）。他们在对一百多个文化定义进行了广泛而深入的分析之后提出文化模式理论，"文化是由各种外显和内隐的行为模式构成的。这些行为模式是通过符号习得和传播的，它们构成了人类群体的独特成就，其中包括体现在人工制品方面的成就。文化的本质内核是由传统的（即历史衍生的和选择的）观点，尤其是其所附带的价值观构成的。文化体系从一方面来讲，可被视为行动的产物；从另一个方面来讲，可被视为进一步行动的制约因素"。❷ 克鲁伯和克拉克洪关于文化的定义无疑比认为文化是由习得的行为构成的行为主义和还原论观点又前进了一步。在克鲁伯和克拉克洪的推动下，文化模式理论在美国盛行一时，许多人类学家都曾对文化模式理论作了进一步的阐发，如本尼迪克特、怀特（Leslie A. White）、贝特森（Gregory Bateson）等。不过，他们并没有什么本质上的创新，也可以说是大同小异。总的来讲，文化模式理论主张不能从社会结构的角

---

❶ Ruth Benedict, *Patterns of Culture*, Boston: Houghton Mifflin, 1989: 47.
❷ Kroeber A. L. and Kluckhohn C., *Culture: A Critical Review of Concepts and Definitions*, New York: Vintage Books, 1963: 181.

悄无声息的"革命"？ ——转基因作物与一个华中乡村的社会变迁

度来理解文化的普遍要素，因此它建议研究文化的模式、形态—结构和组织，而不是研究分离的文化特质和文化内容。总之，将一个文化领域分开，仅仅只是在他自己的世界里被分析并不是一个有益的方式，除非我们将归到文化名头下的各种要素与之相分开，然后在文化领域之上去看那些东西，否则我们就不能真正理解文化。直到近期，在"文化"这个概念上才达成一定的共识。大多数人类学家对文化的看法是：文化是一个种族的概念，它是在日常生活中习得的；人类共同的文化是不断进步的；文化的核心是一种意识形态和价值观，是人类共同所拥有的思想。在日益全球化的今天，文化已经成为一个共同关心的话题，人类学家相信"文化思想"的普及可以促进人与人之间的相互包容和理解。如果我仅仅把自己当做一个文化人，那么我也只能在一个小范围内去质疑我所看到的这个世界。总之，对于文化的理解应该倾向于把注意力转到我们有什么共同的东西，无论有多少文化的含义，但有一点可以确定的是，文化与人类生活方式及其围绕生活方式所进行的人类行为相关，而本研究也是在此意义上来谈论文化。

在研究框架上，本书将采纳文化生态论的视角，因为它为我提供了一种从外到内的切入点，即对今日乡村社会中生态—生计—文化连接的人类学的观察。文化生态学的三个基本程序是：第一，文化如何有效地利用可获得资源为其民众提供食物和房屋；第二，文化成员如何从事他们为了生存所必须从事的工作；第三，他们的生存行为如何与他们的社会活动和他们的社会关系相联系。[1] 以上三点刚好对应本书结构中的转基因作物进入潭村、村民生产方式的变迁与村民日常生活的变迁。另外，波普金的"理性人"概念给我的启示是在社会和文化的变化中，个人的行动起的作用很大，因为人总有现实利益的考虑，我想借此来考察转基因作物推广的各个过程和

---

[1] ［美］威廉·A. 哈维兰：《文化人类学》，瞿铁鹏、张钰译，上海社会科学院出版社2006年版，第168页。

第一章 导　论

环节中主体的能动性。同时，社会变迁的派生性启发我去讨论转基因作物作为一种技术创新所派生的社会影响。最后在本书的讨论中将涉及福柯的观点，❶ 由于此框架社会学者较熟悉，故在此不做赘述。

作为一项关于农村社会变迁的田野调查，我在具体的田野过程中，没有过多地注意人类学的传统研究主题，如亲属制度、仪式、信仰等，而是关注转基因作物所嵌入的政治经济背景，以及对村民生产生活的影响，在行文中难免涉及转基因作物的概念、历史背景等与人类学看似无关的研究材料，但舍去上述材料本书势必不完整，在进退两难中凸显枯燥无味。但田野调查的过程是鲜活生动的，因为那是研究者重要的学术体验，下面来谈谈本研究田野方法的运用。

首先，从观察者到参与者。在为期一年的田野调查中，我曾多次进入潭村，从初次失落的观察者，到参与他们的跳舞、打牌等娱乐活动，从"山重水复疑无路"到"柳暗花明又一村"的希冀与惊喜是值得回味的。在一次次和村民的交往和交流中，我终能用文化持有者内部的眼光来理解我所看到的村民，以及我所经历的故事场景。正如莱顿（Robert Layton）所言，"田野工作者应该努力以他们所研究的人们自己为出发点去理解他们，用他们的概念来进行思考，并以他们的价值观来感觉。"❷ 如此，方可能对被研究的民族或社会群体的文化达成认识，我想我是努力了，尽管结果不一定完美。当然我也力图使自己在调查中既"走进去"亦能"跳出来"，在文化主位和文化客位之间寻求一个平衡，以达到对田野资料解释性的理解。

---

❶　［日］樱井哲夫：《福柯：知识与权力》，姜忠莲译，河北教育出版社 2001 年版，第 32 页。

❷　［英］罗伯特·莱顿：《他者的眼光：人类学理论导论》，罗攀、苏敏译，华夏出版社 2005 年版，第 104 页。

悄无声息的"革命"？ ——转基因作物与一个华中乡村的社会变迁

其次，从与当地人的访谈入手，同时注重自己的观察和感受，而不仅仅依赖于他们说什么。格尔茨（Clifford Geertz）曾强调："如果缺少了访谈，仅仅对自身和他者进行观察就是不完整的。经常参与同报道人的持续交谈中，无论是正式的还是非正式的，都是民族志研究的一个重要部分。"[1] 这是我在潭村田野中时刻不忘提醒自己的。特定群体成员会在交谈中对问题有所表现和回应，如此一来，我想通过访谈可以借此检验和再检验自身观察的正确性，从本地人视角获得对当地人文化更深层次的理解。在对村民生产方式变迁的研究中我运用访谈的次数较多，但在每次访谈结束之后，我都会整理成田野日记，从而记录自己访谈中的体验和感受。我想格尔茨的地方性知识为本研究提供了一种比较的视野和方法论，田野日记也是一种比较的视野即我和当地人的比较，因为田野笔记是从"我"的视角来写的，里面不会有太多本地人的观点，但对他们的访谈无疑给我最后的写作指出了一个方向。

最后，在不断的比较和反思中呈现并分析研究对象的独特性。我曾想通过对潭村村民日常生活的参与式观察，掌握被研究者的行为方式和各种分类系统，尤其是他们一些基本的先验存在的分类系统，如有关人、物、超自然、知识等的分类系统，再加上我对于当地语言文字方面的必要认识，从而探讨被研究者的宇宙观即思考模式的问题。在我和当地人思维方式的比较中发现有价值的问题，尽管有所获，但收效甚微。正如普里查得曾暗示在社会人类学中只有一种方法——比较方法——那是不可能的。他告诉我们两个道理：一是民族志学者必须将自己从其研究对象那里学到的东西传达给读者，而传递中就包括隐含的比较；二是比较是不可能的，因为没有什么是可以比较的。每种生活方式，就像每一片雪花和每一个指纹，

---

[1] Clifford Geertz, *From the Native's Point of View: On the Nature of Anthropological Understanding*, in *Local Knowledge: Further Essaya in Interpretive Anthropological*, New York: Basic Books, 1983: 55-70.

都是独特的，不可能比较。[1] 但有一点我是确信的，那就是当地人的生活方式和思维方式有关，他们的日常生活呈现的都是当地的文化。在当下，反思成为一种新的民族志话语形式，人类学家开始接受把自己写进民族志叙述之中，描述自己在田野中的焦虑及与报道人的斗争。反思也使我与访谈者之间的辩论得以呈现出来，因此与我共处的人们从研究客体转变为活性的主体，他们同我共同参与到跨文化交流中去。[2] 本书就是这种思想比较与交流的结果，如果说第二章到第五章是村民文化分析的呈现，那么本书的最后一章就是反思的结果。

本书共六章，各章主要内容如下：

第一章为导论，包括本书的研究问题、文献回顾、理论视角与方法。综合来说，本书是关于转基因作物与农民生产和生活方式变迁关系的人类学研究。本书关注两个问题，一是种植转基因作物对村民生产方式的影响及其与村民日常生活的关系；二是村民对转基因作物知之甚少的原因。与此相关的文献回顾包括三部分：一是人类学视域中与"农民"相关的概念、起源、行为动机及"革命"的探讨；二是对有关中国乡村社会变迁的经验研究做总结；三是对目前国内外社会科学界围绕转基因作物的相关讨论做评述，形成对转基因作物研究概况的基本认识。在文献研究的基础上建构本书的研究视角，用文化生态理论作为此书的框架，同时采纳社会变迁的派生性来建构思路，用"革命"的概念分析村民的日常实践。本研究的独特性在于关注"转基因作物给农村社会带来的生产和生活方式的变化"，将围绕以下思路展开：第一，潭村村民生产方式的变迁与种植结构的变化有关；第二，转基因作物作为一种创新，它在潭村

---

[1] 转引自［美］詹姆斯·皮科克：《人类学透镜（第二版）》，汪丽华译，北京大学出版社 2009 年版。

[2] ［英］罗伯特·莱顿：《他者的眼光：人类学理论导论》，罗攀、苏敏译，华夏出版社 2005 年版，第 173 页。

悄无声息的"革命"？ ——转基因作物与一个华中乡村的社会变迁

的推广与种植导致了村民种植结构和生产方式的转变；第三，生产方式的变迁推动了村民生活方式的变化。

第二章为潭村的历史与变迁。首先，介绍调查点的地理、人口、经济、风俗习惯等基本状况，以期对调查地的空间位置和风土人情形成总体认识；其次，我将走进潭村村民过去的生产和生活历史，在时间长河中来考察潭村，对转基因作物在潭村推广前后种植结构、生产方式和生活方式的变化做描述，使读者能对当地的历史与变迁有一个初步印象；最后，展示生产方式变迁中村民的日常生活实践。

第三章主要围绕转基因作物如何进入潭村做分析。用文化变迁理论来展开各个环节的讨论，即分析转基因作物进入潭村的原因、机制、实践模式、主体的认知、结果。首先，对转基因作物产生和发展的历史做简要回顾，包括其出现的世界历史背景，各主体之间的结构关系，从而呈现转基因作物推广的机制和实践模式，意在对转基因作物进入潭村的主客观条件作分析；其次，描述转基因作物"定居"潭村的过程，包括如何推广、策略运用、互动方式等；最后，用定量的数据来分析村民对转基因作物的认知及推广之后的结果。

第四章主要论述种植转基因作物对村民生产方式的影响。通过种植转基因作物和非转基因作物所需要的田间劳动量和劳动时间作对比，来阐明种植转基因作物与村民生产方式变迁的关系。

第五章考察村民种植转基因作物后生活方式发生的变化。我将围绕农村家庭功能和社会交往结构的变化来展开论述。其中家庭功能主要从互动、关系、情感等方面呈现，并对农村留守者的生活状态做描述；社会交往结构的变化通过村民交往对象、休闲活动的变化来展开，以此表明社会流动会增强村民文化的异质性，熟人社会的内涵发生变化，但并没有去熟人社会化。

第六章是全书的总结与余论部分。在结论中，我首先对开篇的研究问题作出回应，研究发现转基因作物与农村生产方式的变迁形成相关关系；村民对转基因作物的认知与思维方式和惯习有关，潭村人对事物和问题的看法存在一种无意识的嫁接和规避，即关注事物对自己有利的一方面，而不关心是什么或者对自己有什么不好，同时表现出对政府权威和科学知识的敬畏，上述状态与转基因作物本身所具备的特性共同成为其被接受的原因。在转基因作物与农村社会变迁的关系上，仅仅用"知识—权力"的框架来解释是有局限性的，我将尝试性地提出"知识—权力—效用"的框架来解释该现象。在余论部分，我对未来种植转基因作物后果的"不确定性"做分析，这种"不确定性"不仅是全球化过程中的普遍现象，也是转基因推广机制中各主体之间互动断裂的结果。村民对待转基因作物的积极态度让我们看到理性的盲目，而未来是否存在风险是不可而知的。

悄无声息的『革命』？
——转基因作物与一个华中乡村的社会变迁

第一章 潭村的时空岁月

悄无声息的"革命"？
——转基因作物与一个华中乡村的社会变迁

历史从人对天的敬畏，到人对天的征服，再到人对一切的怀疑，构成了我们所经历的历史的基本线索。[1] 这是人类学家眼中关于历史与社会变迁的宏大叙事，而一个地方的历史与变迁所承载的独特性往往会溢出主叙事的框架，让我们难以窥视其全貌，正因为如此，对于调查地的概况，我只能根据研究主题有选择性地建构文本。本章主要描述潭村所处的空间地理位置、村民种植结构和生产方式的变化以及日常生活的变革，以获得对潭村的总体印象。

一、华中平原上的一个村庄

Z市是县级市，1996年撤县建市，我所调查的潭村即Z市下属白镇的一个村庄。Z市地处华中地区的沿江平原，位于长江中下游，上连宜昌，下接荆州（见图2-1，图2-2）。夏属古荆州，周称丹阳，春秋后期为罗国，秦属南郡，汉时置县，因长江至此分流而得其名。早在新石器时代，人类就在此地繁衍生息，足见其历史悠久，源远流长。其地势呈带状沿长江由西北向东南倾斜，西北最高处海拔225米，东南最低处海拔35.1米。县域面积1428平方公里，耕地76.22万亩，土地肥沃，雨热同季，盛产各种粮食作物和棉花。[2]

"华中"在地理空间上指中国秦岭、淮河以南，南岭以北，巫山、雪峰山以东的长江流域地区。在中华民国时代，华中地区一般是指长江流域的七省四市，即江苏省、浙江省、安徽省、江西省、湖北省、湖南省、四川省和上海市、南京市、武汉市和重庆市。解放后，通常所说的华中三省即依据行政划定的河南省、湖北省和湖南省，这在区位上与施坚雅的长江中游区域具有很大程度的重叠性。华中地区主要的地理区为两湖盆地，地形特征以平原、曲流和湖泊

---

[1] 王铭铭：《心与物游》，广西师范大学出版社2006年版，第6页。
[2] 湖北省地方志编纂委员会编撰《Z县志》，中国城市经济出版社1990年版，第1页。

第二章 潭村的时空岁月

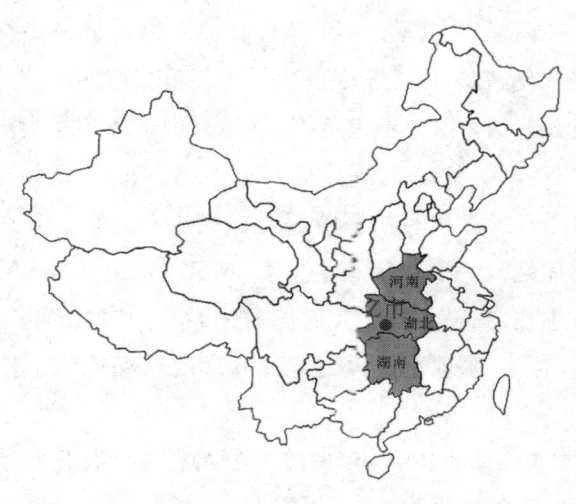

图 2-1　Z 市在华中平原上的位置

图 2-2　Z 市地图之潭村在白镇的位置

为主，水文特征以多曲流、多水患为主。❶ 解放前，Z 市十年九灾，尤以水患为重。民国二十四年（1936 年）《湖北县政概况》载："Z

---

❶ 狄金华："被困的治理——一个华中乡镇中的复合治理"，华中科技大学 2011 年博士学位论文。

悄无声息的"革命"？ ——转基因作物与一个华中乡村的社会变迁

市民间疾苦：一、水灾频发，江身日高，堤内日低，每交春夏，阴雨连天，江水增涨，不围堤则成灾，抑且积渍为患，民困苦；二、堤工开支极大，民力财力不堪负担。"潭村位于Z市东南沿江地带的村落之一，其40%的耕地海拔低、水位高，每遇洪水季节外洪内涝，港汊沼泽钉螺滋生。村民曾深受血吸虫病之害，又加水旱灾害相间，田园荒芜，一度民不聊生。解放后，Z市大搞以治水灭螺、防旱排涝为主攻方向的农田水利基本建设。同时加固堤防御洪水，开港建闸排愤涝，平地造田灭钉螺，修库筑渠灌农田，使Z市经济逐步回升。

俗话说："倚山食山，倚海食海。"新石器文化遗址既然多坐落在傍近小河的丘陵或平原上，就注定当时的经济生活除以农业为主外，渔猎和采集仍然是辅助的谋生手段。❶ 大体上，早期农民渔猎采集的比重大，随着农业的进步与发展，渔猎与采集的比重遂逐渐减轻。自从新石器时代以降，Z市粮食的主要来源靠农业，渔猎或采集不过辅助而已，所以我们讨论此地早期文明的状态也以农业发展为准绳。长江中下游因河流湖泊纵横分布，使早期的文明地区缺乏开阔的牧场，也缺少大型食草动物赖以生活的草坡，因此，畜牧业不发达。这些因素导致此地古代畜养的不是牛和绵羊，而是猪，新石器遗址发现的动物骨骼多以猪为主，❷ 也可以证明这项推测。以猪为主的家畜饲养对长江流域文明的影响深远，它与棉花或稻米的农耕结构共同形成Z市乡村"食米吃肉、自给自足"的文化形态。

从Z市所辖之地的气候条件来看，其日照充足，水源丰富，其得天独厚的气候适宜发展粮、棉、油、瓜、果、鱼等生产，素以"鱼米之乡"著称。据Z县志记载，其经济以农业为主，尤以粮食、棉花、油料作物为盛。解放前，Z市农业长期处于技术落后、品种

---

❶ 邢义田、黄宽重、邓小南总主编，邢义田、林丽月主编：《社会变迁》，中国大百科全书出版社2005年版，第17页。
❷ 沃尔森、祁国琴："中国猪类的驯养"，载《古脊椎动物与古人类》1980年第2期。

第二章 潭村的时空岁月

单一、产量低少、发展缓慢的局面。民国六年（1917年），全县仅产粮食6696万斤、棉花7251担，到1949年粮食产量也只有17701万斤、棉花62177担。工农业总产值仅6495万元，人均产值240元。解放后，经过土地改革、农业合作化、农业生产责任制的变革，解放了农村的劳动生产力。1985年，全县生产的粮食、棉花、油料总产量，分别比1949年增长3倍之多，工农业总产值增长10倍以上。❶农业生产条件的不断改善，以及基础设施建设的改进都为抗灾夺丰收提供了有力支持。

白镇是Z市的一个农业乡镇，地处长江中游，江汉平原西缘，其地势开阔，海拔在50米以内，四面环水遂成长江的江心岛。❷白镇有两处古迹，一是今法庭处的清修寺，建于梁武帝三十八年（539年），当时名将兼诗人庾信弃官为僧，同其弟庾亮讲经于此，名曰"讲经台"，唐李世民即位时（627年），鄂国公胡敬德为其更名曰"庾台寺"。二是镇上高中校园内的一棵银杏树，亦系胡敬德亲手种植，该树枝叶繁茂，1983年曾被雷击断，后来此树又长出新苗。岛

图2-3 长江环绕的白镇大堤

❶ 湖北省地方志编纂委员会编撰：《Z县志》，中国城市经济出版社1990年版。
❷ 见图2-3。

55

悄无声息的"革命"？ ——转基因作物与一个华中乡村的社会变迁

内曾出土新石器时代的石饰、石斧、石网坠，一同见证着小镇曾经的繁华与沧桑。全镇辖 41 个村、1 个居委会，总面积 212 平方公里，环镇大堤总长 77 公里，西端最高处海拔 47.3 米，东部最低海拔 38.4 米。耕地面积 21 万亩，人口 11 万人，全年平均气温 15.9℃—16.5℃，无霜期 253—270 天，耕地成土母质为近代河流冲积物，比较适宜种植棉、麦、油料等旱作物，一般实行棉麦（或油、豆）两熟栽植，复种指数 192%，用地与养地矛盾比较突出，是市内最大的集中产棉区。❶ 白镇盛产棉花、油菜、水果、蔬菜等，曾因为种植沙梨和棉花而享有"中国沙梨之乡"、"湖北省优质棉基地"的美誉，年产沙梨、柑橘、油桃等水果 25 万吨以上，优质棉花 12 万担以上。白镇经济实力较强，年财政收入 2000 余万元。该镇基础设施完备，水电路、通信等基础设施建设较快，已实现了村村通电、通水、通电话的目标。教育、文化、卫生等各项社会事业发展迅速，建有白镇电视台，曾被湖北省政府确定为"湖北省小城镇建设中心镇"。

潭村在白镇的上游，离 Z 市八公里左右，由于地处江心，在水中央，村民到 Z 市都要坐船才能通过长江。❷ 之所以叫潭村，是因为此地原有一座颇具规模的神庙，辛末年洪水破堤，毁掉了神庙，将此处冲击成一个深潭，该潭为当地人留下了一个深受洪水灾害的历史见证，同时人们忘不了神庙，常在此地祈求上苍赐福，因此老百姓将该潭冠名为"神潭"，潭村也由此得名。该村现有一个村委会，村委会成员五人，共有五个大组，十个小组，全村均为汉族人。现有住户 625 户，村民总人口约 2307 人，劳动力 1270 人，其中男性 690 人，女性 580 人，目前统计数据显示，村人均年收入为 4800 元。潭村是典型的农业村庄，现有耕地总面积为 2749 亩，以种

---

❶ 湖北省地方志编纂委员会编撰：《Z 县志》，中国城市经济出版社 1990 年版，第 115 页。
❷ 见图 2-4。

第二章 | 潭村的时空岁月

图 2-4　村民到 Z 市所乘坐的客船

植棉花❶、油菜、玉米❷为主，也有少部分村民种植柑橘，但因近几年柑橘价格较低，多数橘园处于自生自灭的境地。潭村有养猪的传统，由于前几年生猪价格上涨，几乎每家每户都养母猪和猪仔，该

图 2-5　潭村成片的棉花地

❶ 见图 2-5。
❷ 见图 2-6。

悄无声息的"革命"？ ——转基因作物与一个华中乡村的社会变迁

村现有生猪三千多头，其中能繁殖的猪一千多头，当下潭村村民农业收入来源以种植棉花和养猪为主。

图 2-6 村民种植的玉米地

潭村年轻人多外出打工，大部分去深圳、广州两地，以建筑、服务业为主，已经登记在案的外出打工者为 676 人，其中到周边县市务工者为 174 人，其余均在省城或外省打工，占外出打工人数的 74.26%，保守估计人均打工年收入为两万元左右。据村书记介绍，潭村在整个白镇经济发展中处于中等水平，最近村干部为该村争取了八十多万元的经费用于新农村建设，打算在靠近长江的五组规划建筑用地作为"潭村新农村建设区域"。目的是将大堤南岸的居民移出至大堤内部，将其迁移至新农村建设区域。对于这笔经费的分配，村委会决定将建设房屋剩余的钱用于修建三条公路，不打算重新建村委会，一方面现在的村委会刚新建不久，另一方面怕村民有意见，说村干部没有把钱用到实处。村干部现在和镇领导交往很频繁，关系相处得很好，对于这次的建设项目，他认为是提前把上面的政策摸透了，因此争取到了新农村建设的项目经费，主要在于他是按潭村实际的耕地面积上报给政府的，而不像有些村是按计税面积上报的，计税面积是虚的，一般比实际面积要小很多。以前的村民种田想有收益就要逃税，比如三亩田交九分田的税等，当然那是税改以前的事情了，现在村民种田不用交税，而且推广新种子后，农民种地的积极性颇高。据说，有其他村子的村民曾为政府扣留建设项目资金的事情上访了，最后政府虽然把钱退了，但有些项目再也没有了，因为政府怕麻烦。有了前车之鉴，潭村书记做事情很谨慎，与政府和村民的相处都比较讲究策略，认为做事情又要讲方法也要实在，只有处理好上下的关系，村民才不会闹事。现在外出打工的村民很多，留守人员种田花的功夫也少，休闲时间多了心情自然也好，平时打牌和跳舞使村民之间的交流日益增多，所以村民之间的关系总的来说是比较和谐的，而且迄今为止潭村没有一例村民上访的事情发生，这是让村书记很骄傲的事情。书记的说法似乎印证了现今潭村的安居乐业和平静祥和，而时间长河中的潭村给我们展示的将是更加丰富多彩的农民生活。

二、时间洗礼中的潭村

近年来，学术界较为盛行在区域之中来把握地方社会的特征，或以此来理解国家与地方之间的互动。其中，亦有学者尝试通过土地利用状况与作物种植结构来理解地方社会结构形成的原因，但历史的复杂性就如同水面四处激荡所形成的涟漪一样，很难区分是哪一股力量单一地促成了区域社会结构的生成以及地方文化的变迁。[1] 正如所有的变化都不是一蹴而就的，或许是诸多因素共同作用的结果，在这里我只是从中选取与潭村人日常生活息息相关的情节来临摹，纵有力不从心但求表现真实。而从时间的维度来看一个村庄的生产实践，可能会为我们理解地方文化的特殊性提供新的内容。

---

[1] 狄金华，"被困的治理——一个华中乡镇中的复合治理"，华中科技大学2011年博士学位论文。

悄无声息的"革命"？ ——转基因作物与一个华中乡村的社会变迁

潭村虽盛产粮食、棉花、油料，但长期以来农业生产囿于单一的种植业，农民习惯向往"又有棉花又有油，粮食吃到秋接秋"的小农经济。小农经济下的村民民风淳朴，勤劳务本，视好逸恶劳为耻，以劳动致富为荣。为人处事讲究家教、家风，待人接物最忌"缺德"，以晚辈言行看长辈言传身教。三代同堂的家庭较为普遍，即使分家独立，亦能尊老抚幼。从县志记载来看，"朋友之间相互交往，讲求礼尚往来，颇讲信义和骨气。邻里生事，提倡忍让，调解为上，视说是非为耻，平日爱好热闹，闲暇时候喜欢串门聊天。逢年过节来客'跨过大门喝三杯'，来客要坐上席以示尊敬，贵客上门还要吃鸡蛋荼，客人未下席，子女不得上桌，饭后必空碗，以示勤俭。送客必至门外，至亲密友相送一程，亲友远行，置酒钱行。"[1] 县志记载的诸多习俗都在昭示着此地克己待人的风土人情。

在潭村，传统是男耕女织，妇女主要是在家里纺线织布，兼做家务，种田则以男劳力为主。民国时期，这里改变了妇女缠足的陋习，加之男劳力被拉壮丁外出较多，劳累的农活开始分摊在妇女身上。从解放前到人民公社时期，潭村一直以种植棉花、蚕豆和小麦为主。据该村一位九十多岁的老奶奶回忆，她6岁就下田打猪草，那时候村子里的田很少且面积小。早上5点就起床吃饭后下田干农活，白天和家人一起劳作，地里虫子特别多，棉桃小产量低，也没有现在种田的办法多，治虫是人抬式的喷雾器，一亩田只收担把棉花。尽管村子里的男女劳动力都下田，但田地里的粗活重活仍由男人承担，女人多是帮衬着在田间干些较轻松的农活，由于男人在田间的劳动强度大、时间长，晚上多是休息或聊天，而女人们通常纺棉花或是纳鞋底，沿袭着男耕女织的生产方式。

人民公社作为中国农村一场强制性的制度变革，以规模空前的

---

[1] 湖北省地方志编纂委员会编撰：《Z县志》，中国城市经济出版社1990年版，第788页。

第二章 潭村的时空岁月

方式疾风骤雨般地改变了中国农民传统的生产生活方式长达二十余年,成为改革开放前中国农民生产生活的基本组织形式。1958年之后,我国实行严格的户籍管理制度,农村人口向城市的自由流动基本上不可能。60年代后,国家将城乡二元结构体制化,公社加强了对农民的人身控制,农民没有城市户口,不能在城市就业,没有人民公社组织的批准,无法向城市迁移。每一位村民被严格束缚在公社内,参加由公社组织的统一劳动、统一分配,那时的人民公社从功能上说几乎是无所不包的,已经远远超出了单纯的生产管理组织。这样一来,就形成了强固的地缘整合体,在这个整合体中,家庭、个人都失去了独立性。[1] 村民种什么、怎么种、如何收获等生产和生活方式都以集体的形式进行,白天所有劳动力均下田劳动,晚上集体安排纺棉花,休息时间很少。

现年九十多岁的史婆婆就是亲历那个时代的人。土地改革前,史婆婆家共有九口人。她的爹娘生育过八个孩子,因家里很穷,最后活下来的共有兄弟姐妹五个。史婆婆五岁开始就在家里学做家务,照看弟妹,十岁起,她就随同爹一起给村子里的地主干活。给地主干活虽然辛苦,但地主对他们态度还好,毕竟种的不是自己的地,大人们都没有什么积极性,孩子们主要是想混口饭吃。史婆婆16岁嫁到潭村,共生育十个孩子,病死三个,现在有七个子女。土地改革后,村民每人平均分地三亩左右。大家都很高兴,因为种自己家的土地,可以随意支配时间,家里的重活都是孩子他爹干,她一边照顾孩子一边下田干些轻省的农活。大约两年后,史婆婆就分家出来盖了小瓦房。大约1956年,上级倡导加入高级农业社,入社后,村子里的人都聚在一起干活一起吃饭,刚开始大家很兴奋,觉得人多热闹也不用自己家开火做饭,那时候做好事的人很多,看到路边的牛屎都往大家的田里搬,不像现在村民把钱都看得很重。那时邻

---

[1] 谢淑娟:"论人民公社体制下的村庄经济——以解读《通知》为中心",载《中国经济史研究》2006年第2期。

悄无声息的"革命"？ ——转基因作物与一个华中乡村的社会变迁

里关系也很好，晚上女人们都聚到一起纺棉花，即使累到眼皮打架也会坚持。可是时间久了，人们发现干多干少差别不大，于是就有人偷懒，大家都不愿意多出力，有时候为了挣工分，只图干活的速度而不讲质量，即使有干部监督也浪费严重。因为下田干活用的是公家的农具，村民用的时候不小心损坏农具的现象很普遍。包产到户后，劳动积极性得到很大的提高，土地得到充分利用，村民开始起早贪黑，精耕细作，田埂地边都种上了庄稼。村民都想争取多种多收，所以都很爱惜土地，一丝一毫都舍不得浪费。农具等生产资料分包到户后，因为是自己的东西，村民也都很珍惜，不仅维修了曾经被损坏的农具，同时又自己出钱购置了许多新农具。现在种田不需要干部费神，大家积极性都很高。

1982年潭村分田到户，联产但未承包，村民采取分开种植、集体收获的生产形式，直到1984年正式联产承包到户，村民才开始自己耕种并收获。改革开放以后，潭村开始推广一些优良的棉花品种，同时引进多种农作物，其中苎麻曾红极一时。据村民平四回忆，1984年，白镇已经有麻纺厂生产麻袋，由于需要大量的原材料，因此就有部分农户种植苎麻。到1986年，村子里种植苎麻的农户逐渐增多，那时候苎麻平均8元/斤。由于苎麻销售价格的高涨，有村民大量种植该作物，而平四、龙州也由于种植苎麻成为该村的第一批万元户。那时都是几家农户相互合作，男人在田里负责收割苎麻，用钢车运回家后，女人们开始在"刮麻机"上刮麻，也就是把苎麻的皮剥去，然后在太阳下晒干，等着商贩上门收购。男人在田间的劳动强度很大，女人虽然多在家里刮麻，但由于是机械性的重复动作，并不感觉轻松。正如龙庆说，"我们都是围着苎麻转"，几乎很少有人去种植棉花其他作物，也有一些年轻人选择去麻纺厂当工人。苎麻的种植红火了几年后，1989年价格暴跌到1.5元/斤，大约到1993年间，许多麻纺厂的工人辞工回家。由于农民放弃种植苎麻后缺少原材料，之后麻纺厂倒闭，麻纺厂则转成棉纺厂，村民毁掉苎麻后开始重新种植果树、棉花和其他作物。

潭村曾经种植的果树主要是沙梨和柑橘。在1974年，技术员龙有文引进沙梨品种，起初在果木园种植，仅供做品种改良之用，考虑到潭村有相当一部分沙地，适宜水果生长，种出的梨子汁多肉甜，潭村开始推广沙梨。1988年之前，村民几乎都种苎麻，大约1989年村民慢慢接受沙梨种植技术，两年后多数村民放弃种植苎麻全面发展沙梨。由于种植果树需要的劳动量特别大，这时潭村的男女老少几乎都要下田劳动，尤其是收获季节，早上所有的劳力下田采摘沙梨，并按大小分装，中午到沙梨收购的地方排队卖沙梨，收购地一般设在交通方便或富裕的农户家。运气好可以一次卖掉，运气差可能会有一批不符合规格的沙梨被退回来，然后下午再去田间采摘一批相配大小的沙梨去卖，沙梨按个头大小论价，其中四两以上卖到1.5元/斤，四两以下卖0.8元/斤。晚上村民都到卖沙梨的地方去结账，那时候潭村家家户户都是紧张而忙碌的。

后来，由于受到南北二乡❶沙梨种植户的冲击，沙梨的品质也在下降，价格迅速下跌到0.5元/斤。许多农户种植的沙梨在当地卖不出去，农户不得不自己外出跑销路，种沙梨成为既辛苦又赚不到钱的差事。大约在2000年，村民大面积砍掉沙梨树，或在田间套种柑橘树，也有少部分村民重新种植棉花，之所以种棉花的农户不多，据说是因为村民觉得以前种棉花很麻烦，几乎整天在田间捉虫子，又脏又累。由于潭村种柑橘技术不行、品质不佳，几年后橘子价格从最初的0.8元/斤下跌到0.3元/斤，村民一度一筹莫展。相反种棉花的那些农户开始高兴他们选对了方向，因为他们不仅尝到了丰收的甜头，而且小日子过得还挺逍遥，至少在当地人眼里，他们显得不太忙碌，后来大部分村民加入种棉花的队伍，原因是村民感觉现在种棉花比之前省事很多，认为他们买的新棉花种子很神奇、很

---

❶ 潭村村民将长江以南的乡村称为"南边乡里"，长江以北的乡村称为"北边乡里"。

悄无声息的"革命"？ ——转基因作物与一个华中乡村的社会变迁

好种。大约 2005 年，村民毁掉橘子树，大面积种植转基因棉花至今，当然，如今村民种的少量油菜、玉米、大豆也是转基因品种。由于种田在潭村人眼里已经不那么劳累，而今村子里种田的几乎都是留守妇女和老人，男人或年轻人则多在外打工。

为了更加清晰地看出潭村人的日常生产与生活实践的变化，我将近 60 年的时间分成五个阶段来对比，见表 2-1。

表 2-1　潭村种植结构一览表

时期	解放前	人民公社时期	改革开放后（1979—1989）	90 年代后（1990—2004）	2005 年至今
种植结构	棉花、蚕豆、小麦	棉花、蚕豆、小麦	苎麻、棉花、油菜	沙梨、柑橘、棉花	棉花、油菜、玉米
作物类型	本地品种	本地品种	引进良种	本地品种及良种	转基因品种
生产方式	男耕女织	男耕女织	男耕女织	男耕女耕	男工女耕
劳动强度	大	大	大	大	小
劳动时间	长	长	长	长	短
生活方式	白天下田，晚上纺棉	白天下田，晚上纺棉	白天下田，晚上纺棉或麻	上午下田、中午卖梨或橘、晚上收钱	早晚下田、其他休闲

从表 2-1 中我们可以看到潭村种植结构和生产方式的变化主要发生在改革开放之后，但其前后的一段时期生活方式并未发生本质性的变化，而生产方式和生活方式均发生变化是在 2005 年左右。尽管上表展现的仅仅是潭村的历史，村民似乎一直在以自己的方式诉说着日常生活的实践，一波一波，由远及近。但当我跳出文本，仍能时时刻刻感到潭村的历史与变迁深深嵌入国家的改革浪潮中，背后总有一股莫名的力量在助推着潭村一场场或悲或喜的"生产革命"。记忆中潭村瓜果满园的繁华景象已成为过去，村民"毁果种棉"的原因也有诸多解释，可能是种植果树的农户太多导致产品供

过于求；抑或是没有更好的品种吸引农户。尽管表面上来看好像是市场的经济规律主导了农民生产和种植结构的变化，但我想背后的原因应该是复杂多样的。因为从田野调查来看，多数农民是不懂什么经济规律的，只要能挣钱又能节约劳动成本，他们就会去种植，而一些新种子的引入可能就有了时机和市场。或许我还不能确定目前潭村人生产和生活的变化与转基因作物的种植有关，但在我的叙述中将一步步论证这种力量和关系的存在。

三、村民日常生活的商品化

中国传统的农民个体家庭，一般只包括一对成年夫妇和他们的子女或已经丧失劳动力的年迈父母，所以一向被称为"五口之家"。❶ 而在这种家庭中，主要的劳动力就是农民夫妇二人。因此，所谓男耕女织，实际上是农民家庭对其主要劳动力所做的一种劳动安排方式，即农家男子从事大田农作，而妇女则从事以纺织业为主的家庭手工业。迄今为止，对于男耕女织这一模式作出专门理论分析的论著，所见仅有吴承明1981年发表的《论"男耕女织"》一文。在该文中，吴氏精辟地指出："男耕女织"是农民家庭内的自然分工，但是这一分工并非在所有时期的所有地方都存在，而且这一分工所代表的农业家庭与农业手工业的结合，也不是一成不变的。他进而指出，在中国封建社会中，只有在农村棉纺织业发达的地区，男耕女织才得到加强。❷ 从吴氏的见解我们可以得到这样的认识：男耕女织这种农家男女的劳动安排方式是有条件的，绝非放之四海而皆准的普遍模式和万古不变的固定模式。

---

❶ 李伯重：《多视角看江南经济史》，生活·读书·新知三联书店2003年版，第270页。

❷ 转引自李伯重：《多视角看江南经济史》，生活·读书·新知三联书店2003年版，第272页。

悄无声息的"革命"？——转基因作物与一个华中乡村的社会变迁

潭村一直有种植棉花的传统，因而"男耕女织"的生产方式一直延续到改革开放之后，在此种生产方式下，村民的日常生活基本上是自给自足的，即蔡亚诺夫意义上的"小农"。蔡亚诺夫在其小农经济理论中提到小农的产品是为了满足家庭自身的需要，在生产上只依靠农家自己已有的劳力，而不是依赖雇佣劳动力。❶ 那时候的村民，全年的劳作乃是在整个家庭为满足其全体家计平衡的需要的驱使下进行的，❷ 而不是为了在市场上追求最大的利润。对曾经的小农而言，耕种的确是养活一家人的基本条件，但今天潭村村民的耕种在内容和意义上都发生了变化，已不再是小农的意义所能涵盖的。下面我们透过与村民日常生活密切相关的吃、穿和交往来看村民日常生活的变迁。

对人类来说，吃向来不是纯生物学的活动。食品从来都不只是简单被吃的，食品的消费总是受到意义体系的规定。❸ 被吃的食物有它们的历史，其历史与那些吃它们的人的历史有关系，并且也有文化上的差异。所谓文化，乃是他们在这一关系中产生的与政治经济过程密切相关的价值和观念。从而，分析村民消费方式的变化与分析别的生活方式的变化一样，若将之"与时间过程割裂开来，将之与生产割裂开来"❹，便无法理解这些变化本身。在90年代之前，村民一年四季种植的作物除了棉花、小麦、油菜等粮食作物之外，都会留一部分耕地作为菜园。这样一年四季的蔬菜都可以在自己的农田中采摘，因为种菜是一种细活，所以在劳动分工上多是男人种田女人种菜。当地的气候条件适宜种植的蔬菜种类很多，村民四季主要种植和收获的蔬菜见表2-2。

---

❶ V. Chayanov, *The Theory of Peasant Economy*. Madison：University of Wisconsin Press，1986/1925：70.
❷ [苏联] 蔡亚诺夫：《农民经济组织》，中央编译出版社1996年版，第29页。
❸ Sidney Mintz, *Tasting Food, Tasting Freedom*, Boston：Beacon Press, 1996：7.
❹ Sidney Mintz, *Sweetness and Power：The Place of Sugar in Modern History*, London and New York, 1986：180.

表 2-2 潭村四季蔬菜种植类型

季节	播　　种	收　　获
春	豇豆、四季豆、茄子、番茄、辣椒、姜、苋菜、红薯、黄瓜、冬瓜、南瓜、葫芦、瓠子、扁豆	大白菜、球白菜、甜菜、莴苣、蒜苔、芹菜
夏	葱、蒜、胡萝卜	豇豆、四季豆、茄子、番茄、辣椒、姜、苋菜、红薯、黄瓜、冬瓜、南瓜、葫芦、瓠子、土豆
秋	大白菜、球白菜、小白菜、菠菜、芫荽	冬瓜、南瓜、葱、蒜、胡萝卜、扁豆
冬	土豆、甜菜、莴苣、芹菜	葱、蒜、胡萝卜、大白菜、球白菜、小白菜、菠菜

从表 2-2 来看，春天是一年中蔬菜播种最多的季节，许多蔬菜都在夏季收获，夏季也是村民最忙的季节，村民不会担心吃菜的问题，诸如冬瓜和南瓜等蔬菜甚至可以一直吃到秋季，在自给自足的生产方式下村民从未想过要去买菜，认为买菜离自己很遥远，那是城里人才做的事情。在许多村民心里，对自己种的菜都有一种说不清的感情，因为是自己亲手种的菜，所以吃起来特别香，每天到地里摘菜都会特别小心，就像自己的孩子一样舍不得碰坏，太小的、没成熟的不会摘，即使不小心碰掉植株的花瓣也会心疼。除了种菜之外，家家户户都会养鸡鸭和猪，养的鸡鸭并不是为了吃肉，而是为了下蛋，下的鸡蛋和鸭蛋都会攒起来，大人是舍不得吃的，多留给小孩子或者客人。村民养猪一般是为了在过年时待客。杀猪之后，村民会将一部分新鲜的肉用盐腌制起来，可以保存到初夏，也就是说从冬天一直到夏初，村民都是有猪肉吃的。那个时候喝得都是池塘里的水，池塘里面的鱼很多，有时候下雨天男人就会出去捕鱼，自己吃不完的鱼也会分给邻居和亲友。村民很少出去买东西，只有到过年的时候才去城里买一次东西，也就是办年货，年货中多是苹果、甘蔗等水果，用村民的话说"买的都是田里面没有的稀奇货"，

悄无声息的"革命"？　——转基因作物与一个华中乡村的社会变迁 ▷

年货办回来之后也不马上拿出来吃，只有等到大年初一家里有客人拜年才拿出来品尝。

在穿衣服上，村民也不是很讲究，多是采取"捡旧"的形式，即老大穿了老二穿，破了就补，裂了就缝。在秋天棉花收获的季节，女人会织布做衣，织出来的布多是灰白色，如果要穿彩色的衣服，就要拿到"染匠"那里去染色，染出来的颜色主要有两种，即黑色和蓝色。这两种颜色的衣服也不是人人都穿得起，对村民来说只在特殊的时候才会去染布匹做衣服，一是和媒人一起去相亲的时候，二是结婚的时候。村民龙庆就有一件蓝色的染布上衣，据他回忆那是他和老婆第一次见面的时候穿的，是他妈妈亲手织的布，他觉得那个时候的衣服比较结实，怎么也穿不坏，一直舍不得扔，后来生小孩后听人说那是纯天然的对小孩好，就拿来做尿布了……那个时候串门的较多，晚上多是女人们在一起纳鞋底纺棉花，男人们在一起聊天。亲朋好友家里的红白喜事，送什么东西都是听家里长辈的安排，比如生小孩、过周岁等都是送鸡蛋、母鸡和大米，也有自己做的豆饼等，村民叫"送祝米"；结婚送花布、绣花鞋等，送过来的花布等东西一般也不会拿来做衣服，等到亲戚家里有事的时候再送过去，基本上没有送礼金的情况。这些"礼物"也就是象征性地在亲朋好友之间流动，很少出现将所赠礼物消费掉的情形，也就是说礼物并未被让渡，这与阎云翔研究下岬村的情况有所不同。[1] 在礼物的赠送上，因为有制度化和非功利化的倾向，所以村民都习以为常，而且亲戚间走动并不频繁，只是在"红白喜事"的时候才走动，平时是很少见面的。在村民关系的处理上长辈有绝对的权威，基本上是以"上传下教"的方式在维系着尊卑长幼的关系。

90年代之后，村民开始种植果树。由于果树枝叶茂盛，所需耕地面积较大，村民大大缩减了菜园的面积，而且种果树需要的劳动

---

[1] 阎云翔：《礼物的流动——一个中国村庄中的互惠原则与社会网络》，李放春、刘喻译，上海人民出版社2000年版，第209页。

第二章 潭村的时空岁月

量特别大，在男耕女耕的生产方式下，种菜的耕地和时间被占用，村民的菜园面积开始变得少而小。于是潭村的菜贩子应运而生，大柱就是潭村的菜贩子之一。那个时候大柱每天都要往返市里大菜场一趟，去批发各种蔬菜和鸡鸭鱼肉。他凌晨五点起床出发，大约六点半将新鲜蔬菜用脚踏三轮车运回潭村，七点之前将其摆到自家的石台前叫卖，他每天负责进货，妻子则专门守摊卖菜。刚开始村民还不习惯去买菜，仅仅是在家里来客人才去大柱家买菜，除了买鱼和肉，其他的多是反季节的蔬菜。随着果树的大面积种植，菜园面积继续缩减，到大柱那里买菜的人逐渐增多，尤其在果园收获的农忙季节，大柱的菜一上午就可以卖完。看着大柱的生意红火，村里陆续又出现了几个菜贩，之后大柱转行和邻村的屠户一起做起了杀猪卖肉的生意。

　　那段时间村子里很热闹，因为从外地来了很多收购水果的商贩，他们穿着时髦，讲着普通话或者广东话，当地人都叫他们"弯声音"❶，也有许多小孩和妇女专门去找他们讲话，觉得"弯声音"很现代、很"赶形式"❷。也有男人和"弯声音"一起出去贩卖水果，回来的时候就给妻儿带花花绿绿的新衣服，穿着新衣服的女人和孩子都觉得面子上有光彩，感觉自己很体面。当然她们的新衣服也会有许多女人借，借回去拿到当地的裁缝那里，要裁缝按照样子做，穿着那些衣服的女人就叫"流行的人"，被人这么称呼是让村民很羡慕的事情。人们一定会在走亲戚的时候穿上那些衣服，因为在那个场合中围观的人会更多。

　　由于果园收获时要亲戚之间相互帮忙，亲朋好友之间的走动也逐渐多起来，卖梨子让村民的经济条件充裕许多，于是亲朋"红白喜事"的时候送的东西丰富起来，逐渐转变成"礼物+礼金"的形式。村民根据亲疏关系决定礼金的多少，姑舅姨被当地人称作"至亲"，所送礼金为50—100元之间，具体金额由个人经济条件决定，

---

❶ 村民对说普通话的外地人的统称。
❷ 当地人认为是时尚、流行的意思。

悄无声息的"革命"？ ——转基因作物与一个华中乡村的社会变迁

同时会捎上一件礼物如布料，也有几家合起来买一样家用电器的；自家兄弟被称作"自己屋里人"，只需要略微表示一下，一般在 50 元左右，然后买点糖果之类的东西；村子里的朋友和其他亲戚，所送礼金为 15—30 元左右，具体金额通过与主人之间的关系来判断，关系特别好的 30 元，关系一般但又必须来往的 15 元，但不买其他东西。送礼的时候主人家都会找专门的人记账，以便别人家里有事情的时候回赠，回赠的礼金金额是不变的，但礼物种类和价钱也都差不多。在村民社会关系的处理上，开始有了重要的参考依据即"记账本"，与传统的"上传下教"相比，家里的老人慢慢变得插不上话了，长辈的权威逐渐衰落，许多老人都觉得变化太快，有点跟不上时代了。

村子里的第一家超市[1]是在 2005 年开业的，超市的主人叫阿莲，这家超市是由经销店[2]逐渐发展起来的。阿莲 1958 年出生，家里有七个姊妹，她是老大，还有三个妹妹、三个弟弟，她上到小学三年

图 2-7 阿莲的超市

---

[1] 见图 2-7。
[2] 见图 2-8。

第二章 潭村的时空岁月

图 2-8 潭村的经销店，现在兼收购棉花、卖码

级就辍学回家照看弟妹。她爸爸是裁缝，妈妈种田，老家在白镇的中心村。大约20岁结婚，老公比她大三岁，她老公家里很穷，三岁父亲就去世了，结婚后他们的日子很苦。结婚第二年，他们生了一个儿子取名金，头几年两个人做事情不顺利，做小生意也总是亏本，后来听别人说生个女儿运气就会好。四年后，他们又生了一个女儿取名银，又在那年买了一头母猪，养母猪卖猪仔挣了一点钱。后来村民都陆续种果树，她就种梨子树，第一年卖了八百元，第二年卖了一千多元，第三年买了三千多元。有了本金，阿莲就和老公发展果树苗圃，白天给果树嫁接，晚上浇水，田间劳动时间长，很辛苦。后来，两人养鸡、种蘑菇慢慢积累资金，然后借钱和贷款一起创业，用几千元在村子里开了个小卖部，他们夫妇不仅勤劳肯干，而且人缘好，生意不错，大约在1987年阿莲夫妇将小卖部改成较大的经销店。

阿莲老公很有想法，经常到城里进货，看到城里出现了超市以后，就有在潭村开超市的想法。最初怕村民不能接受超市的购物形

悄无声息的"革命"？ ——转基因作物与一个华中乡村的社会变迁

式，因村民习惯了经销店，即村民看好商品后由店员挑出来，付钱后才能拿走货品，而超市是自由选购、统一付钱，尤其是怕村民到超市里面将货物带走不付钱，也有人说"农村开不起来超市，因为自己进去选的话东西会被人偷干净"，也是出于这个原因阿莲一直没有将超市开起来。直到村子里面出去打工的年轻人越来越多，打工者过年回来后嫌阿莲的店子小、东西少，都到城里逛超市买东西，阿莲的经销店生意惨淡；再者现在的妇女们有时间打扮，许多人都常到城里买衣服，也有人建议阿莲开个大超市卖衣服肯定赚钱。于是阿莲夫妇才下定决心将经销店改为超市，2004年动工改造扩建，第二年正式开业，刚开始也遇到了村民偷东西的情况，被店员抓住了也不承认，后来学城里超市装了监控就好很多。2011年初，她老公患肝癌，年底就去世了，阿莲就把生意交给了儿子，现在儿子在家开超市，儿媳妇在市里搞服装批发，把孙子带到城市里读书去了。

  自从在潭村开了超市，村民都觉得和城里人的距离更近了，特别是阿莲的超市货物齐全，逛起来和城里的大超市差不多，逛超市对村民来说从最初的新鲜转变为时尚。超市开业之前，村民们必须坐船到城里才能买到衣服，年纪大的老人甚至至今没有进过城，多数人一年才进城一次，买的衣服也不多，一般不会超过两件，现在超市里就有男女老少的服装销售，许多妇女都觉得不用去城里都能买到"新潮"的衣服，这是以前怎么也想不到的。阿香就是最喜欢到超市买衣服的女人之一，一个冬天就在超市买了九件棉袄，阿香觉得现在农村生活很方便，想买什么东西都能买到，吃的穿的和城里差不多，不好的就是超市里卖的菜❶没有以前自己种的吃得那样香，菜的味道没有以前那样长久了。

  如今的潭村养猪的村民很多，一是因为国家对养猪的村民给予补贴，二是村民田间劳动时间减少，有时间养猪。村民养猪多是为

---

❶ 见图2-9。

第二章 潭村的时空岁月

图 2-9 潭村超市的菜架

了卖钱，杀猪也不仅仅是为了吃肉那么简单，而是有其他用处，这在第五章第四节会详细论述。在这种情形下，大柱杀猪卖肉的生意红火起来。我在调查期间也有机会去观摩他们的杀猪生意。

  凌晨五点半到达大柱家，他们夫妇两个正在忙着卖猪肉。❶ 大柱负责砍肉，大柱的妻子萍姐负责称肉和收钱，11元一斤，我到的时候摊位前已经围了七八个买肉的人，生意非常好。有一对45岁左右的夫妇过来买肉，他们穿着比较整齐讲究，很乐意与我交谈。男人一直在外面打工，做建筑行业，女人在家种田，男人显然是在外面见过世面的，对农村的生活都有自己的看法。他平时喜欢看书，比如《特别关注》等杂志，他认为现在潭村文化生活太少，除了下田劳动就是打牌，人变得很麻木，什么东西都能用钱买到也失去了以前的味道……

---

❶ 见图 2-10。

73

悄无声息的"革命"？ ——转基因作物与一个华中乡村的社会变迁

图 2-10 大柱的猪肉摊

　　大柱夫妇一直忙到上午九点，买肉的人渐渐减少，猪肉也卖得差不多了，萍姐开始做饭。大柱开玩笑说我应该早点来的，刚好可以看到萍姐和顾客吵架。问到原因，原来是凌晨四点猪刚杀完，就有一个村民甲过来要买猪蹄子，但是萍姐昨天已经答应要帮小孩过周岁的一户人家留猪蹄，所以说猪蹄已经被别人定了，但是那个村民甲坚持要买走，大柱就同意让村民甲买走，而萍姐还是不同意，于是两个人就吵起来。我过去时看到的就是两个人毫无交流的忙碌情形。这个情形让我知道一点——在潭村"猪蹄子"很抢手，尤其是"红白喜事"离不开这个东西，如果过事的主人家餐桌上没有猪蹄子，一定会被亲戚朋友笑话为小气，因为亲戚朋友送的礼金多，主人家的桌席自然要做得丰盛才行。现在潭村的"红白喜事"几乎没有人送礼物了，都是送"红包"，姑舅姨至少包 200 元，兄弟姐妹包 400 元，村子里的朋友和其他亲戚，所上礼金为 50—100 元，具体金额通过与主人之间的关系来判断，关系特别好的 100 元，关系一般但又必须来往的 50 元。记账的一般是自己家的姑爷，每收到一个红包就回赠一份礼物或礼金，主人家准备的回赠礼物多是一块毛巾、一根烟或者六元钱的小红包。村民也是通过"账本"来决定日常的交往和人情开支，而且是一门复杂的"学问"，等到有亲友红白喜事需要回赠礼金的时候，除了看账本，还要考虑亲友家近几年办事的多少，如果亲友家很久没有红白喜事，就在回赠礼金的时候加额，也就是说不让别人吃亏；如果亲友家最近几年可预见的红白喜事比自己家的多，那么回赠礼金的时候就要减额，即不让自己吃亏。这就让所有的亲情莫名其妙地联系到一种计算和控制中，这种做法与"言传身教"的传统完全不同，老一辈自然是无法拿捏其中的分寸，遂撒手不管，让年轻人去操心，当然传统的家长主义也遭到颠覆。

潭村人从自给自足的田园种菜到买菜，从织布染衣到超市买衣，从送礼物到送礼金，从女人对时尚的追求到村民对交往的算计，上述所有日常生活的图景和变化的轨迹，无不嵌入物质文化的变化以及他们同消费的象征形象之间的关系，历时的浪潮和共时的生活氛围共同推进并实现了村民日常生活的商品化。❶

四、潭村的文化图景

日常生活的商品化是作为文化的运动而进行的，是作为一种为了与他人一样变得现代起来而付出的一部分努力，恰如村民逛超市的社会行为。现代性的转型性转变创造了一套作为商品的功能客体和作为使用者或是消费者的一种人的身份，人们从自觉感情中解放出来，成了客体的使用者。现今的潭村人，他们已经由蔬菜和布料的生产者变成了单一的消费者，而"买的菜和衣服"对他们而言仅

---

❶ ［美］道格拉斯·凯尔纳：《波德里亚：批判性的读本》，陈维振、陈明达、王峰译，江苏人民出版社 2005 年版，第 41 页。

悄无声息的"革命"？——转基因作物与一个华中乡村的社会变迁

仅是具备消费功能的客体即商品，那么对"菜和布"的感情也随之转变，当吃和穿仅仅成为一种"人人都这样做的时尚"，那么失去原来的味道是自然而然的。村民的主要需求从传统到消费主义的转变，客体的主要功能从情感联系和使用价值到氛围的转变，以及礼物赠送之间的象征联系从历史性和家长主义到在情境符号下的计算和控制的转变，都让我们看到村民重视形象而非本质的后现代消费文化。❶ 村民利用使用价值和交换价值的方式成为文化霸权最显著的特征，日常生活的商品化随之形成。

从潭村的时空岁月中，我们可以看到潭村文化图景所经历的变化，见表2-3。

表2-3 潭村的文化图景

生产方式	吃	穿	人情交往	文化活动
男耕女织	自己种的蔬菜	捡旧、染布	礼物	上传下教
男耕女耕	自己种植+买菜	缝衣+买	礼物+礼金	断裂状态
男工女耕	买菜	买衣	礼金	年轻人的社会流动、组织

当我们勾画出潭村文化的基本图景，可以发现在男工女耕时代，潭村村民的生活貌似越来越接近现代"城里人的生活"，和许多地方的现代化村庄也很相似，那么我们的问题就是，在这样一个时代，为何出现这种文化现象？这仅仅是农村文化的"现代化"吗，还是一种可能的新的社会现象，需要用新的概念去把握？

在本尼迪克特看来，人类行为的方式有多种多样的可能，这种可能是无穷的。但是一个部族、一种文化在这样无穷的可能性里，只能选择其中的一些。❷ 在全球化的信息社会里，人们可选择的行为

---

❶ ［美］道格拉斯·凯尔纳：《波德里亚：批判性的读本》，陈维振、陈明达、王峰译，江苏人民出版社2005年版，第51页。

❷ ［美］本尼迪克特：《文化模式》，何锡章译，华夏出版社1987年版，第36页。

第二章 潭村的时空岁月

方式更加丰富，也更容易去接触或模仿一些现代生活方式，正如潭村人无论是吃还是穿都让我们看到一种越来越接近"都市人的现代的生活"。但在潭村待久了，我们仍然可以发现有一些行为方式是一直没有变化的，比如每年七月中旬到八月中旬的祭祖活动。

我有幸参加了史婆婆家的祭祖活动。她有三个儿子、四个女儿。在当地，儿子和女儿是分开单独排序的，并不是全部按照孩子出生的年纪排序，以第一个出生的儿子为大即为家中老大。老大在家开商店，老二和老三在外面打工，女儿都出嫁到附近的村子里，此次祭祖安排在她的大儿子家里举行，老大提前一天通知史婆婆的四个女儿，祭祖活动是要热闹的，只要是在家的子孙接到通知都会来参加。

那是八月初的一天，因为祭祖要准备的菜肴比较丰富，几个女儿一大早就过来帮忙，她们穿戴干净整齐，都带着自己的孙子，几个小孩在一边玩耍，大人们就开始洗菜烧火。潭村自古以来都是把每天的早餐当做最重要的一顿饭，并且早餐必须吃米饭，但祭祖是不会安排在早上的，一定安排在吃午餐的时候，因为他们认为那些去世的祖先只有在中午才会出门到外面活动，早上或者晚上是请不到祖先的，请不到就是对祖先不敬。为了抓紧时间，早上她们就炒了几盘蔬菜吃饭。然后集体收拾准备祭祖的材料，几个女儿开始杀鸡宰鱼，大约三小时后一桌丰盛的午餐准备妥当。中午祭祖的菜肴里面一定要有鸡、鱼、猪等肉类，表示后代对祖先的慷慨。蔬菜一定要有细长的豇豆和圆形的南瓜，它们分别代表祖先身上的肠和胃，这种菜肴在祭祖的时候是不能端上桌子的，因为祖先不能吃自己的器官，但是祭祖完毕要放在桌子上让大家吃，这代表后代对祖先的亲近感和怀念。

祭祖大约在中午十二点开始，由家里的男性主人主持。此次祭祖由大儿子主持，等菜肴都端上桌子后，在桌子上按照需要祭祀的祖先的人数摆上相应的空碗筷，筷子必须横放在碗的上面表示恭敬，

77

悄无声息的"革命"？ ——转基因作物与一个华中乡村的社会变迁

然后在每个碗旁边斟上酒。一切准备就绪之后，老大一边烧纸一边说："欢迎老人家过来吃饭喝酒，保佑我们后代子孙平安清净。"成年人都要站到旁边，并且要把大门让出来，这样才能保证祖先能顺利进门吃饭喝酒，但未成年的子孙们一定要回避，据说是避免被祖先摸到生病。等到所有的纸烧成灰烬，会把酒洒到地上，然后给祖先上茶，在此期间所有的人都不能大声说话，如果打扰到祖先吃饭视为不敬。整个过程持续半小时左右，等到祭祖完毕，所有的菜都会端上桌子，然后大家边吃饭边聊天。这样的祭祖活动每年都要举行，目的是保佑所有的后世子孙生活幸福。

在男耕女织时代，一大家人都住在一起，祭祖活动由家中最年长的男人主持；男耕女耕时期，三个儿子成家后开始分家，老大和老二分别盖了房子，老三一家和史婆婆老两口住老屋，但对老两口的供养形式为三个儿子每年出钱共同赡养，这在潭村的多子家庭是赡养老人普遍方式，而祭祖活动是三个儿子每年轮流负责；男工女耕时期，三个儿子都将原来的房子换成了二层小楼，但老二和老三一家平时在外面打工很少回来住，史婆婆就帮他们带孩子和看家，老大一家在家搞副业，所以这次祭祖放在老大家里。老二这次也刚好从外地回来，他说这次回来不会待太久，主要是现在家里没有事情做，这次回来是想换身份证，办好后就到湖南工地去打工，因为外面打工的地方不要50岁以上的人，所以他到公安局把身份证上面的年龄改小了七岁，这样出去更容易找工作。当我问到身份证上的年龄是否可以改时？他答现在家里农活比较轻松，政府也鼓励男同志出去打工，只要是你想打工都可以改年龄。我很惊讶但表示理解，也由此解除了我初来潭村的疑惑，想来这就是如今在潭村找不到第一代返乡农民工的重要原因之一。

潭村的祭祖活动在时间和形式上一直没有变化，这个时间也刚好是传统的农忙季节。在改革开放之初，虽然也有村民外出打工，但是每年的农忙季节都会回来帮忙，所以祭祖的时候很多人都在家，现在年轻人长期在外打工，很少参加类似的活动。但是潭村呈现出的村民生活仍然是安居乐业，一派静悄悄的景象。

作为田野调查者，我试图通过解释日常化事物的历史意义，来阐述自己对于文化的理解。我并不想断定潭村人目前的生活方式就是种植转基因作物所导致的结果，但至少可以肯定两者是相关的，因为村民下田劳动是他们日常生活中重要的一部分，而耕种的作物是不可或缺的。如果我们将潭村种植转基因作物之前所呈现的文化图景看做一个已经存在的"植物株系"，将"转基因作物"本身当做一种新的具有一定效用的"基因"，那么本书所要讨论的即为此种"基因"为何能植入潭村、植入潭村后村民可能的生产和生活状态。

正如怀特所说的那样，每种文化都有一定程度的一体化和统一性，它依赖于一定的基础，按照一定的原则或系统组织起来。例如，可以围绕饲养驯鹿、种植水稻与贸易等来组织一种文化。❶ 同样，围绕种植转基因作物也会自然的组织一种文化，而这种文化就是潭村人生产和生活所展示的状态，也是我要讨论的核心问题。如果放弃那个许诺过多而毫无收获，即除了抚慰性幻觉的舒适感而外别无他物的巫术与神话，是一种痛苦的经历。那么接受许诺较少而收获甚大的科学和技术，却将达到一种绝大多数人难以舍弃的目标，我们可以相信，关于文化的知识和理解，正像转基因作物所具备的特质在生物学中富有的价值一样，那将带来一种更令人满意的生活，❷ 转基因作物进入潭村似乎印证了这一论断。转基因作物作为一种创新是如何进入潭村并被村民认知的呢？接下来的一章中我将讨论这一点。

---

❶ ［美］怀特：《文化的科学》，沈原、黄克克、黄玲伊译，山东人民出版社1988年版，第206页。

❷ ［美］怀特：《文化的科学》，沈原、黄克克、黄玲伊译，山东人民出版社1988年版，第348页。

悄无声息的『革命』？
——转基因作物与一个华中乡村的社会变迁

第三章 神奇的新种子

悄无声息的"革命"？ ——转基因作物与一个华中乡村的社会变迁

世界各地的农业，在长期的变化中，根据自身条件发展出特殊的技术体系和经营方式，都有其内在的局限与动力，并形成特定农业体系的发展。正因为如此，一个地方的农业与另一个地方的农业之间往往存在很大的地域差异。但国家技术体系和经营方式对于地方社会和经济生活具有深远影响，从外部限定了未来经济变化的途径。由于任何一种农业都是一个根植于特定物质和精神文化的特殊体系，并与一个地区的具体情况相关联，因此不存在一种放之四海而皆准的技术体系和经营方式。❶ 适合于此地区者，未必适合于彼地区；反之亦然。因此在研究一个地方农业的变化时，必须首先弄清楚其特点，承认传统的合理性。下面我将从转基因作物进入潭村的条件、推广的过程和农民对转基因作物的认知三方面来展开讨论，呈现这种"神奇的新种子"在潭村推广和种植的具体条件和场景。

一、进入

村民日常生活的商品化已经凸显出潭村物质生活的现代化。现代化进程可以被理解成相互联系的四个亚过程：其一是技术的发展，在现代化的过程中，传统知识和技术让位于主要从工业化的西方借来的科学知识和技术的应用；其二是农业发展，它意味着农业重点从生存型农业向商品化农业的转变，人们不再为自己使用而种植庄稼和饲养牲口，他们越来越多地转向经济作物的生产，因而也越来越多地依赖于货币经济和全球市场来出售农产品和买进商品；其三是工业化；其四是城市化，其特征是人口从农村向城市的流动。❷ 尽

---

❶ 李伯重：《江南农业的发展 1620—1850》王湘云译，上海古籍出版社 2007 年版，第 185 页。

❷ [美] 威廉·A. 哈维兰《文化人类学》，瞿铁鹏、张钰译，上海社会科学院出版社，2006 年版，第 476 页。

第三章 神奇的新种子

管这四个过程是相互关联的,但它们的出现没有固定的顺序,我国农村现代化的进程在各地区发展的不平衡性也印证了这一点。正如当下的潭村,我们能轻而易举地从村民生产和生活实践中窥见其农业发展和城市化进程,而技术的发展则成为推动潭村农业现代化背后的动力之一。

欧费顿(Mark Overton)认为,在1850年以前的几百年间,英国农业产量有很大增长,可归功于四个主要因素:耕地的扩大;农业投入(如种子、肥料、劳动力)的增加;区域和地区的专业化;技术革新。[1] 农业是一个国家的基础产业,涉及的具体产业比较多,如种子产业、农药产业、化肥产业、农机具产业等。在遗传工程取得长足发展之前,农机具、农药、化肥的发展对农业本身的贡献有目共睹,但是这些都属于改善农业生产的外部因素,这些外部条件的改善对农业发展的促进作用存在一定局限,潭村农业的发展也印证了这一点,这在下一章将具体讨论。这种现象是由农作物的生物特性决定的,在遗传工程的研究成果投入实际应用之后,农业的发展开始从外部性转向内部性,改善了作物的生物特性,种子产业日渐壮大,并且成为现代农业的核心因素。最为国人所熟知的成熟技术就是作物杂交,而目前最尖端的毫无疑问是转基因技术,抛开安全性等因素,转基因技术对作物生物特性的改变无论速度还是效果都远超杂交育种技术。[2] 由此可见,技术革新是当前农业现代化的重要因素之一。能够带来发展的技术进步,通常被定义为重大技术突破或是重大的技术革命,不论这些"革命"是本地发生的还是从外部引进的,转基因作物在全球市场的产生与发展就是如此。

从宏观上来看,转基因作物进入潭村并不是偶然的,而是深深

---

[1] Overton, Mark, Agriculture Revolution? England, 1540–1850, in Anne Digby and Charles Feinstein (eds), *New Directions in Economic and Social History*, Vol. 1. London: Macmillan, 1989.

[2] 参见"2011年展望:转基因和粮食安全",载生物谷,2011年2月17日。

悄无声息的"革命"？ ——转基因作物与一个华中乡村的社会变迁

　　嵌入全球化的浪潮之中。20世纪90年代兴起的生物技术产业化促进了转基因生物及其产品的全球贸易，特别是在农业生物技术的开发与应用方面，抗虫、抗除草剂等抗性转基因作物在欧美一些国家已进行了大规模的田间种植，其产品也源源不断销往其他国家，转基因作物的推广和种植亦成为势不可当的全球化趋势。我国是一个人口大国，粮食安全始终关系着我国国民经济发展、社会稳定和国家自立的全局性重大战略问题。据预测，2030年我国人口有可能达到16亿，而人均耕地面积却越来越少，我国粮食的供需矛盾将会更加突出。因此，如何大幅度提高粮食总产量，保障全国人民的基本生活，是我国农业面临的一项艰巨任务。

　　随着城市化的进一步加快，我国人口多耕地少的矛盾将更加突出，农业发展面临的困境和局限性为农村的发展提出了挑战，而基因技术为我国农业的可持续发展带来了新的机遇。目前，我国已研制并培育出多种转基因作物，如抗虫棉、抗病烟草、油菜、玉米等。总的来看，我国农业生物工程研究发展迅速，特别是大量的转基因植物已进入大田试验，从1997年我国首次批准转基因棉花进入商业化种植以来，我国已成为世界上转基因作物推广面积最多的国家之一。❶ 转基因作物不仅是世界的也是中国的，从我国面临的现实来看，种植转基因作物已经成为我国政府保障粮食安全和维护社会稳定的重要手段。有调查显示，转基因作物主要集中种植在东北和长江中下游等耕地相对集中且气候适宜的地区。据潭村村主任介绍，该村目前外出打工者很多，在外地打工的人将自己的田地出租给留守人员耕种，现在村子里处于人少地多的境况，村民希望能种植省事好种的庄稼来节约劳动力。正是宏观经济条件与村民需要的结合，才给转基因作物进入潭村带来契机，因为此类作物具有神奇的功效，曾有"懒庄稼"之称。还有一个原因是潭村地处亚热带季风气候，

---

❶ 霍丽云、侯丙凯："基因工程技术与人类的可持续发展"，载《中国人口·资源与环境》2001年第11期。

第三章 神奇的新种子

热量雨量均很丰富，适宜种植棉花、油菜、玉米等粮食和经济作物，而已经批准商业化种植的转基因作物主要集中于上述种类，从客观上来看潭村所处之地符合推广和种植转基因作物的条件。上述因素都为"神奇的新种子"进入潭村铺平了道路。

粮食生产的关键就是种子，种子意味着希望，意味着收获。即便在最困难的时期，农民也不会拿用来保命的种子下锅，除非他不想过了。[1] 在"神奇的新种子"进入潭村之前，无论是种蔬菜还是其他庄稼，村民都会自己留种子，一般做法是从当年收获的粮食中，挑选质量好的种子小心晒干，然后用纸包好，最后装到盒子里小心翼翼地保存起来。等到第二年要播种的时候才拿出来选种，如果有的村民留的种子不小心霉变或者丢了，也很容易从其他亲朋家里借到想要的种子。因此，传统的农民，就是经验丰富的遗传育种"专家"。从头一年的收成中留种，是天经地义的，是很从容的，农民一点都不会为此感到恐慌。今年的种子，如果收成好，他自然会留下一部分当来年的种子，省下买种子的钱。然而，转基因技术主导的农业正在改变这一格局，其巨大风险来自生物技术跨国种子公司，即转基因垄断巨头的知识产权。在中国，农民留种或买常规种子，原本不知道什么是知识产权。殊不知转基因种子是有知识产权保护的，如果农民第一次买了转基因种子，获得了收成，尝到了甜头，想要继续留种，就会遇到一定的麻烦。

事情源于龙庆种玉米的经历。龙庆的儿子大明 1998 年考上了某农业大学，专业是作物遗传育种，算是村子里最早的大学生之一。大明本来对机械制造感兴趣，但龙庆认为还是学农学好，因为他们祖辈都是农民，就是吃了没知识的亏，如果懂得科学种田就不怕没饭吃；还有一个原因是当时选择农学专业学校会给一定的经济资助。于是大明就按龙庆的想法在农业大学一直读到研究生，目前大明在

---

[1] 参见"全民大讨论：转基因作物商业化种植之辩，"载凤凰网财经评论，http://finance.ifeng.com/opinion/cjpl/20100208/1808743.shtml。

悄无声息的"革命"？ ——转基因作物与一个华中乡村的社会变迁

外地工作并结婚成家，很少回潭村老家。龙庆记得大明在大学读书期间，每年暑假都会带回来一些学校推广的新种子给他试种，有葡萄树苗、布朗李、小麦、蚕豆、玉米、大豆等。但让龙庆印象最深的是2002年大明带回来的玉米种子，那种玉米种子外表是干瘪的，而且籽粒很小，在龙庆眼里只有饱满圆润的种子才能留种，这种玉米种子是绝对不会发芽的。尽管大明解释说这是他们学校培育的新品种，叫做"超甜水果型玉米"，口感很好，带回来让大家种种尝尝新鲜。但龙庆仍然半信半疑，平时大明带回来的种子龙庆都当成宝贝一样，舍不得分给别人，但这次的玉米种子龙庆看不上眼，于是慷慨地分给其他亲戚播种。龙庆只留下几十颗，顺便也把自己去年留的普通玉米种了半亩，很快种子发芽了。让龙庆惊讶的是，超甜玉米苗长势虽不如普通玉米，但这种玉米苗上面几乎没有虫子，这点让龙庆很省心。想起大明说超甜玉米要在未成熟的时候掰下来吃嫩玉米棒子，这种玉米老了就没用了，龙庆起初也照做了，果然味道香甜，他兴奋地叫来邻居阿友等人来尝鲜，大家都觉得很神奇，叽叽喳喳说要龙庆留种，以便他们来年再播种。

尽管上学之前大明交代龙庆，如果喜欢这种玉米他再找别人弄，但龙庆舍不得儿子花钱，也不想因为邻居的小事情给儿子找麻烦，再说之前种玉米都是等到成熟后打成玉米粉做粮食，吃嫩玉米棒子是很奢侈的行为，大人是舍不得吃的，加上超甜玉米种得不多，之后龙庆便舍不得吃嫩玉米棒子了，一直等到成熟后收获留种子。龙庆照例留了饱满圆润的超甜玉米棒子，尽管超甜玉米的确好吃，但是晒干后模样变得干瘪丑陋，等龙庆把种子交给阿友等人时，阿友还说龙庆小气，留种子也舍不得把好的东西给别人。为此龙庆很郁闷，打电话给大明问究竟，大明解释说这种玉米糖分很多，晒干后糖分迅速流失所以变得干瘪，属于正常现象，而且这种玉米是新培育的转基因作物，第二年种植可能会有变化。龙庆就把大明的话转达给阿友等人，但"转基因"这个名词是第一次听说，而且

第三章 神奇的新种子

龙庆一直把"转基因"念成"转机",大家觉得龙庆故弄玄虚很搞笑,在半信半疑下也没有在意这是什么东西。此后,龙庆有点后悔,想着当初要是听大明的话直接吃掉嫩玉米棒子,不仅享受了还免去了这么多麻烦。

第二年,龙庆出于好奇依旧播种了自己晒干留下的超甜玉米种子,玉米的长势和头年没有不同,虫子也依旧很少,但出现的麻烦问题是有许多玉米苗子都没有接穗,即使有几棵长了玉米,但掰开包衣之后的玉米都是癞子❶,当然阿友等人种的超甜玉米也出现了类似的情况,后来听大明和种子站的人说现在的新型种子基本都是一年一换种子的,方解开他们的疑惑。尽管大家觉得这样做很浪费钱,但这个东西虫子很少,种起来省事,味道也讨人喜欢,权衡之下勉强能接受。后来逐渐意识到这种种子真的是一次性的,这开始颠覆他们传统留种子的思想。这算是转基因作物与潭村村民的初次相遇,此后村民知道有些"新型的懒庄稼"是每年要买新种子的,自己留种是没有作用的,于是逐渐有村民留意村干部和种子公司推广的新种子。

潭村虽然具备种植转基因作物的客观条件,但要向农户推广一项闻所未闻的"新种子"也不是简单的事情,尤其在村干部眼中,潭村村民大多是"一群没有知识的人",就好像迄今为止许多村民仍将"转基因"念成"转机",村干部常常感叹与村民交流如对牛弹琴,何况推荐转基因作物这么"高科技的东西"。或许正是因为"没有知识",村民才更加看重知识。15年前的潭村几乎没有大学生,村干部多是初中毕业。如果有高中生毕业后在家务农,就是村民眼里特别有知识的人,村民就会主动推选他们去参选村干部,比如现任的村干部英子就是如此,她1998年中专毕业后没有找到合适的工作,于是回潭村务农,换届选举之前,村干部让她参选下一届

---

❶ 当地人对光头的一种称谓,也会用来比喻没有玉米粒的玉米棒子。

悄无声息的"革命"？ ——转基因作物与一个华中乡村的社会变迁

妇联主任，村民都没有表示反对，英子很顺利当选，迄今一直担任该村妇联主任。在潭村，现任的村干部都是"有知识的人"，五位村委会成员都是高中或中专毕业，在村民看来他们是有文化的人，也很容易得到村民的认同。村书记五十出头，是潭村第一批高中生，讲话很有魄力，说话做事比较有策略。对转基因作物他也有一定的了解，总体感觉很神奇，尤其是抗虫的特性。他的信息主要来源于网络和电视，他感觉转基因对人和环境都是有害的，但是农民自己是无法选择种还是不种的，这是一个很矛盾的事情。因为村民不知道什么是转基因作物，他们关心的只是种什么东西挣钱，最好是种起来轻松又好卖。为了提高潭村在白镇的经济地位，争取更多的好处，他常常配合镇政府和种子站引进一些新种子并推广给村民，如转基因棉花、油菜、大豆和玉米。

转基因作物最初以"正当的身份"❶进潭村是在2002年之后，在推广的过程中，村干部一般是将政府的政策传达给村民，然后引荐种子公司的人去推广。那时候的白镇，因为沙梨价格偏低且种植果树劳动强度大，村民开始砍掉果树，但一时不知道种什么，遂有部分田地抛荒。政府于是着手建设"优质棉花示范基地"，主推转基因抗虫棉和彩棉。起初，村民对此并无十分了解，只知道这是专家研制的一种颇为神奇的新种子，有一些奇特的功效，但村民没见过所以推广效果并不好。白镇政府和种子公司为了提高推广绩效，采用免费试种加专家指导的形式引导部分村民试种，在这种推广模式中，知识分子即村民口中的"专家"一度扮演了重要角色，专家有些是某部门的农艺师，有些是某高校的育种教师，他们常常出现在白镇电视台的新闻和农业节目中，出现的场景多是田间地头，记者会问一些与"种地"相关的问题，然后专家用肯定的语气对新品种的"神奇效用"如高产、抗虫等作出一番保证，此种充满学识的装

---

❶ 村民一般将政府和村干部牵头所做的事情称为"正当的"，不用来指涉事情的对与错。

第三章 | 神奇的新种子

扮与亲民的出场，颇具鼓动性和权威性。此外，电视、广播等媒体在种植技能上的指导与后期村干部宣传国家的粮食补贴政策，加上政府的积极鼓动，慢慢有村民开始种植。最关键的是，在每年各村的统计报告中，政府会将新型农作物的推广和种植面积做一番比较，产量高的村庄会得到政府的肯定，种的好的村民有可能上电视讲授自己的种植经验，在许多村民眼里那是很荣耀、很难得的事情，于是种植新作物这一行为将村民与一些看似无关的客观事物联系起来，尽管村民还没有来得及确定他们种的究竟是什么。一旦命运的决定要素被客观化，一旦通过强制、机巧或诱惑的手段以使外在对象服从的力量否定了主体的意愿，那么，对于多数村民来说，知识就成了能够满足他们对于确定性的渴望的唯一合适的力量。成为宣传手段的专家知识及政府权力效用彼此为对方捧场，专家"自我牺牲"的宣传活动同时引导了权力的诞生，而权力却消除了这种自我牺牲的荣耀性与高贵性，这一进程一旦开始，彼此的权威性便不断得到强化，彼此各自为对方提供合法性。❶ 作为知识代言人的专家就此拥有了无形的权力，从而知识专家和普通村民形成一种吊诡式的依赖型关系。在"神奇新种子"的推广上，基层政府和专家扮演了引导者的角色，且与村民这一行动者被区分开来，两者区分的依据是权力与天赋的差异，但二者的关系既非因这种差异而产生，亦非凭借这种差异而维持，造成的结果是引导者建构种植体系，而多数懵懂的行动者通常毫无批判地接受。

从村书记那里了解到，目前潭村干部要做的工作就是配合政府即将开始的新农村建设，有两大目标：一是提高村子里的收入，二是让村民集中住新区。尽管推广新种子成为村民提高田间收入的重要手段之一，但书记很少表达自己对转基因作物的看法，一方面他也不知道转基因具体是什么，只隐约感觉是产量高的新种子；另一

---

❶ [英] 齐格蒙·鲍曼：《立法者与阐释者》，洪涛译，上海人民出版社2000年版，第13页。

悄无声息的"革命"？ ——转基因作物与一个华中乡村的社会变迁

方面，给村民讲解是浪费时间，因为村民听不懂。总的来说，书记对潭村的前景很有信心，当然言谈中也透露出普通村民对他工作的不理解和无奈，他认为主要是多数村民没有知识，文化素质不一致，这是一个长期存在的问题。他的交往对象多是村子里的精英，包括其他村干部，平四、龙州等"读书多"的人，他们常常对村子里的一些纠纷做调解或判断，也会在一起讨论村里的发展和国家大事。村干部或种田能手往往成为村民眼里的知识分子，许多村民有无法处理的家务事或种田上的问题都会向他们求教。在潭村我听到村民谈得最多的就是"希望科技能进步"，村民口中的科技成为其提高田间收入和改善生活的法宝。村民认为，所谓的有神奇功效的新种子都是专家研制出来的高科技产物。在村民眼里电视上的专家更是高级知识分子的象征，他们讲的话就是权威，也是值得信赖的人。

无论村民对专家的理解有多少维度，我想有一点可以确定的，就是村民对知识的敬畏与信任，而权力的运作就此粉墨登场。无论是媒体上的专家还是村里的知识分子，他们通常超越了各种不同的帮派利益和世俗的宗教主义，以理性代言人的名义，向"非知识分子"说话。这种密切关系还把唯一的正确性和道德威望赋予了他们，只有作为理性的代言人，才能被赋予这种正确性和权威性。[1] "成为一个知识分子"的意向性意义在于，超越对自身所属专业或所属艺术门类的局部性关怀，参与到对真理、判断和时代之趣味等这样一些全球性问题的探讨中来。是否决定参与到这种特定的实践模式中，永远是判断"知识分子"与"非知识分子"的尺度。在潭村，知识分子和非知识分子之间的界限是很明显的，尤其是在村民遇到"难事"的时候，知识分子的话语更具备指导意义。正是在村民无所适从的启蒙时代，作为现代性之最显著特征的"知识/权利"之共生现象被确立。福柯把权力看做一种关系，它被社会系统定位、驱散、

---

[1] [英]齐格蒙·鲍曼：《立法者与阐释者》，洪涛译，上海人民出版社2000年版，第2页。

第三章 神奇的新种子

扩散，它是机动易变的，尤其被社会系统所掩饰，在宏观和微观水平上通过许多特定的实践来运作。❶ 权力在一系列细微之处得到体现，如潭村所在的白镇政府就是通过基层行政作业的模式来完成转基因作物的推广任务。在这个意义上，政府管理也许可以被当作对稳定秩序的世俗管理。在村民平四看来，政府的权力主要运用在抓经济业绩和政治稳定，很少去关心村民的生活，村民多数是"一群麻木的没有思想的人"，而村民的"麻木"在政府眼里意味着"不闹事"，因为潭村一直是白镇中社会稳定的标杆。对于潭村的现状，平四认为，"我们村子之所以没有人上访闹事是因为太愚昧、麻木，大家都不关心政治，村民大多政治觉悟低，许多村民都没有自己的想法。大家太喜欢打牌，多认为打牌是享受，不打牌划不来也和别人合不来，还有部分人经不住诱惑，不打牌就被别人挖苦，所以不得不打牌。我觉得经常打牌容易闹意见吵架，搞下跳舞还蛮好的，有健康意义，农村也有了新面貌。我们喜欢'垄上行'这个节目，连邻居吵架，夫妻闹意见都管，很实际，这样很多事情就不会闹大，农村的治安就会更好，如果政府官员能这样管理就好了。但在对农民的指导上，专家有权威但不是很具体，比如专家说治虫要早上治，但没有说清楚露水的影响，其实要露水干了才能打药水。专家如果说得不清楚可能很多人就会被误导……"平四作为村里的知识分子，对许多事情都有自己的看法，但让我诧异的是对于转基因作物他几乎没有了解，他认为这是一种新型的杂交品种，但不知道田间种植的棉花就是转基因作物。

从对潭村的调查来看，转基因作物的进入已经成为不可回避的事实。同时，村民对知识的敬畏、对权利的麻木，无形中也给转基因作物进潭村架桥铺路。正因为如此，迄今为止没有任何村民去质疑此种作物存在的合理性，也就是说转基因作物进潭村是风平浪静、悄无声息的。

---

❶ 转引自［英］布莱恩·S. 特纳、克里斯·瑞杰克：《社会与文化——稀缺和团结的原则》，吴凯译，北京大学出版社 2009 年版，第 31 页。

悄无声息的"革命"？ ——转基因作物与一个华中乡村的社会变迁

二、"定居"

曾被柴尔德（Golden Childe）称为"新石器革命"的标志之一就是定居，❶"定居"原指某个族群的生活方式，而定居的条件在于人类所处的环境能为他们的族群提供大量的、足以使他们繁衍生息的动植物资源，也即他们所处的环境能为他们提供足够的生存条件。❷ 在此处我将"定居"作为一种隐喻，表示转基因作物被村民接受并种植的过程，而不是指人的定居。上一节我们了解到，潭村正好具备种植转基因作物的主客观条件，从而为其"定居"提供了土壤。下面我将通过转基因作物的推广历史来看这种神奇的新种子在潭村"定居"的实践，即其是如何被村民接受并种植的过程。

从我国转基因技术发展和作物推广的历史来看，其发展经历了两个阶段。❸ 第一个阶段是1986—2000年，从国家"863计划"启动开始。此阶段的主要目标是追踪世界科技前沿，鼓励模仿世界先进技术。科研部门的主要研究工作是基因的克隆、植物转化，还包括一些初期的产业化尝试。转基因作物发展的第二个阶段是从21世纪伊始至今，此一阶段的目标为从部分自主创新到全面自主创新，并实现转基因作物大规模产业化，最终建立起我国农业生物自主技术产业。❹ 从转基因作物的研发到种子公司的推广要通过农业部的审批，农业部每年两次受理农业生物遗传工程体及其产品安全评价申报书。目前，经国家农业转基因生物安全委员会审批的转基因抗虫

---

❶ Golden Childe, *Man Makes Himself*. Oxford University Press, 1936.
❷ 范可："在野的全球化：旅行、迁徙、旅游"，载《中南民族大学学报》2013年第1期。
❸ 章轲："中国转基因技术的发展经历了两个阶段"，载一财网，http://www.yicai.com/news/2011/04/754652.html，2011-04-28。
❹ 目前一大批有重要应用价值的功能基因已被克隆，包括高产、抗逆、优质等决定重要农艺性状的基因，为培育具有自主知识产权新型转基因作物品种奠定了基础。

棉业已实现产业化，2008年我国抗虫棉种植面积达棉花种植面积的72%，国产抗虫棉面积占其总面积的91%。❶ 我所调查的潭村也是在这段时期达到种植的高峰。转基因作物作为一项高新技术，决定了其推广机制必定是自上而下的，即从科研部门研发—政府部门审批—种子公司销售—农户种植，在此种机制中农户成为我国转基因作物生产的下线即第一线。从我国的转基因作物的种植面积来看，在农村推广转基因作物已经卓有成效，但媒体影响度不高，普适性推广方式效率较为低下。因而，政府尝试从基层行政作业的角度为转基因作物的推广架设一座可行性桥梁，从而达到高效率完成转基因作物的推广任务，潭村所在的白镇就是采用的此推广模式。在此种推广机制中，种子公司发挥了重要的作用。

燕子曾经是国有种子公司下岗的职工，目前自己在白镇经营一家种子商店。❷ 1993年中专毕业后，她就到Z市种子公司工作，成为一名种子销售员，2001年下岗，2002年到镇上开了这家种子商店。门店的门面不大，八平方米左右。她的种子都卖到白镇下属的村子去了，潭村等种子公司附近的农户一般直接来找她购买，较远的农户多在各村小型的杂货商店购买，村子里的小杂货店不仅卖种子，还兼卖农药、猪饲料、化肥等，杂货店基本上都找燕子进货，但进货的数量很少。为了将生意做得更大收益更多，在播种季节她常常让老公开三轮车走乡串户向农户推销，现在拥有大量固定的村民客户。在白镇村民大面积种植果树的时期，她的种子生意不好，只是经营一些蔬菜种子，为了销售，她常常自己挨家挨户去推销。那时，许多村民都会自留种子，所以她有时候不得不通过亲戚介绍，

---

❶ 1999—2008年期间，我国抗虫棉累计推广了2.2亿亩，减少农药使用量80%以上，年节省农药4.5万吨；平均每亩增收220多元左右，经济效益高达400亿元人民币，远高于同期我国对转基因研发的投资强度。2009年底，农业部批准了水稻、玉米、小麦三个转基因品种的安全证书，意味着中国转基因粮食作物在商业化种植道路上迈出了关键一步。

❷ 见图3-1。

悄无声息的"革命"？ | ——转基因作物与一个华中乡村的社会变迁

村民碍于面子才会买她的种子，每次卖出去的也不多。

图 3-1 燕子的种子商店

大约 2000 年之后，村民开始放弃种植果树，政府也开始支持种子公司推广棉花、油菜、玉米、小麦、大豆等杂交新种子，这些种子都是不能留种的，每年都要换新的种子，她的生意慢慢开始好转起来。尤其是 2005 年转基因作物大面积推广种植之后生意较好，迄今她已经代理销售了好几个品牌的转基因作物品种。据燕子介绍，目前的转基因种子多数属于垄断企业代理销售，为了推广其产品，她们会采用一些办法促销，往往在最初几年免费或以优惠的价格向农民提供种子，主要是农民都有捡便宜的想法，要先让农民尝到甜头才能打开销路，最后占领种子市场。在向农民推广的时候也要讲究策略，主要集中宣传转基因作物抗虫、抗病等优良性状，或者着重渲染高产量等功效。至于什么是转基因作物很少去提及，有村民问起来就说是高科技新品种。燕子觉得没必要浪费时间给农民解释，说了农民也听不懂，再则种子袋子上写得都很清楚，村民想了解可以自己看。转基因品种是不能留种子的，每个品种都有知识产权，受知识产权保护就是受法律保护，任何农民如果自留转基因粮食种子，就属于违法。当然只要农民觉得好种就不怕没有销路，也由不得你留种，留的种子性状也会改变，最终农民是捡不到便宜的。作为直接面对农户的种子公司，燕子认为推广转基因作物的原因主要是赚取利润，还有就是想办法获得农户的信任，而农户信任关键就在于转基因作物可能具备的某种新特性。因为农户很看重作物的产量和品质，如果不像承诺的那样，可能农户就会来找他们赔偿，现在推广的转基因作物如棉花、油菜等没有假货。她也给农户提供相应的售后服务，比如有的农户反映发芽率不高等问题，她都会去处理，有时候也会到市里面找农艺专家一起解决问题。

燕子的进货地点是在 Z 市等地的一些大型种子公司，那里卖种子的商店非常多，大型的种子站很集中，一排有七八个门市，竞争很激烈。她一般是到 Z 市进货，特殊情况才到更大的 Y 市（地区市）进货，比如农户急需而 Z 市没有货源的情况。因为 Z 市比较近且有熟人，如果种子质量不好退货方便，她一般是长期固定销售几种自己了解的品种。燕子进货的那家店是 Z 市的"黄河种业"，❶ 该店老板生意做得很大，他没有刻意选择销售地域，只要来进货的他都接待，他的货源来自 Y 市，Y 市的种子公司是知名的某国际种子企业，常与某高校和科研院所合作推广经过审批的转基因作物。老板进货一般选择价格高的种子，他相信价格高的质量也更好，他卖种子是有售后服务的，出现问题他可以通过 Y 公司直接联系并反映到研发的专业人员。老板之所以长期与 Y 市合作，是考虑到不熟悉的地方可能被骗，没有保障。当然也有一些人脉少的种子公司没有售后，这些公司把种子卖出去就不管了，所以生意做不大、做不强，也很难销售有专利受知识产权保护的转基因作物品种，这些落后的种子公司最后可能都会被大公司兼并垄断，老板基本不与他们打交

---

❶ 见图 3-2。

悄无声息的"革命"？ ——转基因作物与一个华中乡村的社会变迁

图 3-2　燕子的进货地点，即 Z 市的种子公司

道。尽管种子行业竞争激烈，但老板附近的每家种子门市销售的种子品种都不一样，都有自己的主打产品。老板按季节来销售自己的种子，他对种子的研发不太清楚，主要关心的是它的特性，因此他对其销售种子的功效比较了解。尽管现在的棉花和油菜都是转基因作物，但在给农民推销和讲解的时候很少提到种子是不是转基因的，他认为这个没有必要给农民解释，农民关心的只是产量，至于是不是转基因品种无所谓。我们在潭村看到的村民种植的庄稼基本都是转基因品种，至于这些作物是什么或者安全与否从未有人去谈论。老板对此也有自己的看法，"转基因作物是否安全应该是政府的事情，既然政府都批准销售就应该没有问题，而且种子都是一些科研部门的专家研发的，他们是搞科研有知识的人，应该不会想着去害人，再说那些地方离我们很遥远，我们只管把种子卖出去，至于其他的事情是政府和专家们要操心的，他们是高高在上的。当然我们卖种子的是大致知道一些什么叫转基因的，我们有时候代理产品的时候也要学习和熟悉这些作物的特性，但是要卖给农民就没有必要

第三章 神奇的新种子

讲这么多，只要说这是专家新研制的高科技品种、品质产量高、省事好种就可以了，只要能卖出去，农民种了有收益就行了。我们只关心农民种植以后的收益，以及我们以后的种子好不好卖……"

从科研部门研发—政府部门审批—种子公司销售—农户种植的推广机制、基层行政作业的实践模式来看，下线和上线难以交流促成了种子公司❶作为普遍中介的权力。种子公司成为转基因作物进入潭村的主要推广者和推广体系外表的组织，外表的组织是转基因作物一个事实的保护体系，如果缺乏有效沟通就使"诈骗"成为可能，因为它在间接现实中表现事实，使直接现实不能表现这些事实。❷在这种情况下，村民的选择在很大程度上依赖于种子公司销售人员的说法，而这种说法依赖于转基因作物可能存在的某种特性，如果这些特性真正在种植中实现，对村民来说就是有价值的生产实践，而在此之前转基因作物的特性仅仅只是一种象征收益的符号体系。种子公司正是从这种符号体系中获得他们的文化资本，使其在转基因作物的推广中占据主导地位，而这种符号体系的建构来源于科技进步和专家知识。科技的每一次进步都会孕育一些形式的自由，而种子公司在这种形式的自由中，有一种无法估量的特权，让他们在个性与利润欲望中体现自身，自由地周旋于上线与下线之间。

在转基因作物的推广上，种子公司发挥了沟通和维持平衡的功能。政府和专家是上线即位于推广机制的最顶端，成为权威的代表，他们拥有绝对的话语权。种子公司处于连接上线和下线的"中介"位置，中介是二者之间互动和沟通的重要媒介，尽管种子公司与二者之间的互动是"有效的"，对上线而言能完成推广的任务，对下线来而言能有始有终地将种子推广，但他们的沟通是主观意愿支配下

---

❶ 在1980年之前，Z市销售种子的地方被统称为种子站，1980年后改为种子公司，详参见县志131页。

❷ [法]鲁尔·瓦纳格母：《日常生活的革命》，张新木、戴秋霞、王也频译，南京大学出版社2008年版，第160页。

悄无声息的"革命"？ ——转基因作物与一个华中乡村的社会变迁

有选择性的无效沟通。从根本上讲，农民的经济社会地位和政治地位是制度安排的结果，有学者用"一国两制"来表述这一社会结构特性，❶ 这种制度的设定和延续造成当今中国社会的分隔与断裂。在上述制度与社会框架中，农民是中国社会中最大的弱势群体，他们尚不具备能够针对市场变化自主地选择生产产品、经营方式、自身组织形式以及向政府施加压力的资源与能力。因而在遭遇某种新的作物和技术时，其信息、资源和能力都是极度缺乏的。换言之，中国农民尚未与转基因作物发生直接联系，他们也不构成相关决策中被考量的重要部分。❷ 正因为如此，种子公司传递给农户的信息也是经过修饰和包装的。在权力范畴内，种子公司承载着一种被歪曲的必要性，在这种必要性中，为了达到各个主体的目标，人们学着合理地迷失自我。

从转基因作物"定居"潭村的过程来看，知识和权力的结合成为转基因作物推广的重要因素，但并不是村民种植转基因作物的全部原因，也不能就此忽略农民在作物选择上的能动性，尽管这种能动性是有限的。在潭村，村民对新的庄稼都有试种的传统，如果新种子的效益明显就会选择继续种植，否则放弃，这种传统已经成为村民种植作物的惯习。当然并不是所有的村民都懂得如何去试种，每当有新种子推广的时候，最先试种的一般是村子里的能人，比较有文化而且会种田的人，龙庆的弟弟龙红就是其中之一。

四月初的一天，得知龙红要去买新的棉花种子，我便随他一同到达燕子的店铺。龙红大致了解了一下当年的新品种价格和特点，反复权衡之下决定购买燕子推荐的京华九号，但龙红表示只是想先试种，如果产量高的话明年才继续种植。于是燕子以批发价卖给龙

---

❶ 这并非指中国大陆与香港、澳门的"一国两制"，而是指过去十年中国大陆长期形成的城乡居民的两种身份制度、教育制度、就业制度，公共服务制度和财政转移制度，以及两种差异甚大的生活方式。源于胡鞍钢，此处转引自郭于华："天使还是魔鬼——转基因大豆在中国的社会文化考察"，载《社会学研究》2005 年第 1 期。

❷ 郭于华："天使还是魔鬼——转基因大豆在中国的社会文化考察"，载《社会学研究》2005 年第 1 期。

红少量的棉花种子，并让龙红帮忙向其他农户推荐。回来的路上，龙红告诉我，在选种上，他不完全相信种子公司的人讲的话，因为所有卖种子的都会说自己种子的好处，刚才只是碍于常与燕子打交道的面子才答应帮她推荐，但到底好不好，以后怎么样，还是要等到种植以后再决定。龙红也告诉我许多关于选种子和种棉花的细节，他一般是根据别人的经验或自己试种后才决定，很关注种子的售后服务，有时候会到其他卖种子的地方看反馈消息，如果综合评价比较好第二年才大量播种。这次，龙红打算先试种一亩，看看产量是否真的如宣传的那样高且抗虫。因为龙红种田很有技术，所以很多村民都会听他的推荐，他也感觉责任很大，所以在种子的选择上特别小心谨慎。他对转基因作物没有了解，只是听卖种子的人偶尔提到过现在卖的有转基因品种，但具体什么是转基因则不清楚，当然他也想了解转基因作物是什么。我大致将对转基因作物的认识讲解给他听。龙红对于他们种植的庄稼原来都是转基因作物感到诧异，他觉得作为生产第一线的农户应该有知情权，应该参与到转基因作物的讨论中去，而不仅仅是在毫不知情的状态下种植。龙红认为，现在多数农户不像他那样关心种的是什么，对事情的处理也是"事不关己高高挂起"的麻木和懒散状态，但当地崇尚文人，知识分子的传统是一直存在的，所以大家都希望科技能发达，也比较容易接受一些专家研发的高技术产品，而村民眼里曾经"神奇的新种子"也借此东风在潭村"定居"下来。

三、"结果"

村民对转基因作物的认知及其在农村"定居"后的结果，网上曾有一些说法❶：……"其实，早在几年前我就听在家务农的父亲

---

❶ 参见"我也来说说农村的转基因作物现状态"，载 http://bbs.55168.cn/thread-213048-1-1.html。

悄无声息的"革命"？ ——转基因作物与一个华中乡村的社会变迁

提到过转基因棉花，父亲是不懂'转基因'这个词，但是他知道有一种棉花叫抗虫棉，说乡里的种子站已经到各个村里宣传过了，说这种棉花不生虫。所谓虫，凡是知道棉花种植的朋友都知道棉花上生虫也就是棉铃虫，这种虫子专门钻到棉桃里（未绽开棉花时）吃。对棉花危害最大。在农村，每个村子里每年都会有因为喷雾农药而中毒的，严重者甚至死亡的也不鲜见，天气酷热还要在一人深的棉花地里背负着喷雾机喷农药，几乎没有防护措施加上汗流不止，这也是种植棉花所要付出的最繁重的农活之一。所以，当乡亲们听到这个消息，想想不打农药了也都很兴奋，于是从种子站高价买回种子试种，结果还真是如种子站的人所说，几乎不生棉铃虫。可是，种了两三年之后，出现一个结果，棉铃虫是少了，但蚜虫和蜗牛类的虫子开始出现了……

从上述材料我们可以了解到三方面的信息，一是村民对转基因作物的认知仅仅停留在其特征或效用上；二是传统的棉花在治虫上所花费的劳动量比较大；三是转基因抗虫棉的确抗虫，但是"定居"后可能抗性单一。据潭村医务室的医生回忆，在2000年以前，每到夏天就有很多村民因为田间治虫所需时间长而中暑，严重的甚至中毒，也有村民因为中毒抢救无效最终死亡的。那个时候的棉花虫子特别多，所以治虫频繁，尤其是在夏天棉花开花出蛉的季节，村医务室每天都会接诊到中毒的病人，现在种植的棉花虫子少很多，中毒的病人很少见，医生的说法在一定程度上证实了转基因作物抗虫的特性。既然转基因作物已经顺利进入潭村，并在潭村落地生根，那么对它的认知就成为必须讨论的话题。转基因作物在潭村定居后的结果是其成为庄稼抗虫的"转机"，一方面村民已经意识到此种庄稼抗虫的特性，在村民眼里意味着农作物生产的转机；另一方面许多村民对于"转基因作物"没有认知，即使大明曾经和龙庆提起过，在龙庆看来也只是一种叫做"转机"的抗虫庄稼而已，也就是说，抗虫和"转机"是村民对转基因作物的双重认知的结果。在村民对其认知的问题上仅仅通过访谈和观察说服力或许有限，所以我将在田野调查的基础上通过数据来做判断和补充。

潭村共有 600 多户家庭，五个大组，平均每组 120 户左右，我将在每组随机抽取 80 户家庭作为调查对象，发放问卷共计 400 份。由于平均每户都有 1.08 个人外出打工，因此问卷的填答对象为每户家庭中能接触到的留守人员，资料收集以个别发送法的方式进行，回收有效问卷 386 份，回收率为 96.5%。将对转基因作物的认知操作化为：转基因作物是什么、对待转基因作物的态度、如何选种、种植转基因作物的感受、是否选择转基因产品等五个方面共计十个问题来呈现。对调查结果的分析如下：

自上而下的推广机制决定了在转基因作物的认知上，农户是被动的知识接受者，在很大程度上依赖于推广和销售人员的解说，对农户而言就是"听说"，因此设计"是否听说过转基因作物"这个问题可以从侧面了解到推广者的宣传效果。在这个问题上，有 34.2% 的农户表示从来没有听说过转基因作物，完全不知道是什么；54.4% 的农户表示听说过一点，但不知道具体是什么东西；有 11.4% 的表示经常听说转基因作物，对此有所了解。从以上结果来看，多数农户对转基因作物没有明确的认知。在"是否知道目前自己种植的作物如棉花、油菜等为转基因作物"这个问题上，95.3% 的农户表示不知道，仅有 4.7% 的表示知道自己种的是转基因作物。为了进一步了解农户种植转基因作物的经历，通过在此地区推广几种主要的转基因作物如棉花、油菜、玉米等来反映，结果显示，有 84.9% 的农户表示以上作物都种过，5.2% 的农户都没有种过，9.9% 的种过其中一种。由此可见，94.8% 的农户都曾种植过转基因作物的。从以上三个问题的综合调查结果来看，我们可以判断 90% 以上的农户都是在完全不知情的情况下种植转基因作物的。从转基因作物的种植情况来看，推广者的销售策略是成功的，但从农户的认知来看，推广者的宣传是失败的或者存在某种程度的规避。

悄无声息的"革命"？ ——转基因作物与一个华中乡村的社会变迁

既然在田野调查中我们已经获悉农户种植的都是转基因作物，那么即使在农户对其没有明确认知的情况下，也有必要了解农户对待转基因作物的态度。这是基于政府和知识分子在对待转基因作物态度上存在的争议，从农户的态度我们至少可以看到底层民众的话语，尽管没有认知的声音可能是脆弱的或者无根据的，但对于了解转基因作物推广后农户的反映是有意义的。从调查结果来看，坚决反对转基因作物的占3.1%，有一点反对的占11.5%，无所谓的占40.6%，可以接受的占34.9%，完全接受的占9.9%。由此看见，仅有14.6%的人表示反对，也就是说多数农户是能接受甚至欢迎转基因作物这一新生事物的。菲迪里克·弗里格尔（Fliegel Fedric C.）和约瑟夫·基弗林（Joseph E. Kivlin）曾在一项关于美国农民接受新农场实践的研究中发现那些被认为是最有利、风险最小的新鲜事物最容易被接受。[1] 在一次十多人的集体访谈中，我发现村民都很好奇什么是转基因作物，除了一个村民听说过转基因，其他人都不知道，但我解释后他们都觉得这个东西很好，至于有没有害，他们是不知道的，他们关心的只是产量，只要能挣钱就能接受。下面来看看潭村村民对转基因作物风险的判断：认为其对人体有害对环境无害的占8.9%，对人体无害对环境有害的占8.9%，认为都有害的占7.8%，都无害的占19.8%，不清楚的占54.7%。从结果来看，有至少一半的农户对转基因作物的安全性无从判断，也可以说对这个问题不关心或不确定。在主观上参与是否安全的思考和讨论是对自身确定性的一种关注。无论是对环境还是对人认为有害的比例总数为25.6%，而涉及自身安全即对人有害的判断仅为16.7%，这部分农户认为种植转基因作物可能产生一定的威胁，少数有害的风险判断对比多数不关心和安全的判断，所以最后的结果是转基因作物进潭村没有引起农户的反对或支持的反映。

---

[1] Fliegel Fedric C., And Joseph E. Kivlin. Attribute of Innovation as Factors in Diffusion, *American Journal of Sociology*, 72, November 1966: 235-248.

第三章 神奇的新种子

对于如何选择种子，有21.9%的农户主要听卖种子的人介绍，14.6%的听村子里的人推荐来决定，6.8%的农户看到别人都在种就跟着大家种，0.5%选择种子价格更便宜的，47.9%的农户主要依靠自己的判断选择产量高的，8.3%的农户自己也不懂，任意选的种子。从调查结果来看，无论是看产量、看价格、听别人的介绍或推荐，在种子的选择行为上农户都有自己的依据，也就是说表现出一定的能动性，仅仅只有极少数农户（8.3%）在种子的选择上是完全盲目的。在这种情况下，我们看到的是一种集体理性，当个体意识与之相遇时，理性必定被赋予了相对于个体意识的优先性。即使个别农户对转基因作物有所认知，但这种个体意识往往被集体盲点所掩盖，不成为特有的一种选择性的类型。虽然它并不妨碍人们看到和了解在选择中所存在的差异，但这种差异似乎并不是以一种挑战的面目出现的，也不要求给予解释，所以农户在选种的时候很少去质疑。为了进一步洞察村民选择转基因作物的动机，我将转基因作物所具备的特性分开设置成问题的答案来考察，对于"选择作物最看重的特性"，有10.9%的农户选择是高科技作物，12.0%的选择省事好种的作物，41.6%的选择产量更高的作物，35.4%的选择抗虫抗病作物。尽管以上特性在理论上来说可能相互重叠，但农户的选择都是有所偏好的，最看重的特性为作物的产量和抗虫、抗病等功能，以上所有特性都曾被转基因作物推广者用来作为宣传的噱头。正因为如此，转基因作物的效用和特性往往成为一种华丽的外衣，这件外衣是转基因作物对农户的话语，而种子公司则是转基因推广机制对外表的组织。即使在受到质疑时，种子公司的协调性会成为协调性的组织，以其效用吸引农户的眼球，掩盖背后的本质和事实，而农户种植的积极性和选种的能动性也是基于其效用的助推。正如开头所提到的农户对转基因作物的认知仅仅停留在其特性上，也与此相关。

在转基因作物定居潭村成为既定事实的前提下，有必要了解种

悄无声息的"革命"？ ——转基因作物与一个华中乡村的社会变迁

植转基因作物以后农户对田间劳动的评价。有79.3%的农户认为现在种田比种植转基因作物以前轻松多了，9.8%的认为二者差不多的，有5.7%的没感觉，有5.2%的农户认为以前轻松些。也就是说，大部分农户都认为种植转基因作物比较轻松。"轻松"只是村民的一种主观感受，这种感受可能因人而异，至于"轻松"主要体现在什么地方不得而知。正因为如此，在下一章将通过田间观察资料来做补充，比较种植转基因作物和非转基因作物田间劳动时间和劳动量，来呈现转基因作物与农民生产方式变迁之间的关系。

鉴于许多研究都曾关注消费者对转基因产品的选择和认知，既是生产者又是消费者的村民，又会如何选择呢？从田野调查来看，潭村村民种植的转基因作物为棉花、油菜、大豆、玉米等，这些农作物收获以后，都是直接出售的。但他们有榨油或者是换油的传统，也就是用自己家里生产的棉花籽和油菜籽去榨油或换油，棉花籽榨的油叫"棉油"，油菜籽榨的油叫"菜油"，所以了解他们如何选择食用油很关键。在"您家里一般用下列哪种油炒菜"的选择上，有30.7%的选择自己榨的棉油，50.0%的选择自家菜油，12%买的大豆油，3.6%猪油，3.6%其他。在"会不会选择转基因产品"这个问题上，有33.9%的农户会选择，66.1%不会。在会选择转基因产品的少数农户中，他们的想法又如何呢？从调查结果来看，有33.3%的农户认为转基因产品可能营养更高，12.5%的是因为其价格便宜，20.8%的认为其有科技含量，33.3%随便选没想那么多。不会选择转基因产品的农户又是基于何种想法呢？有41.0%的农户认为转基因产品可能对人有害不放心，18.8%的农户认为以前东西用习惯了，不想尝试新鲜的东西，40.3%不清楚转基因产品是什么所以不会买。由此可见，有一半以上的农户对转基因产品没有认知或者认为其存在风险，所以不愿意选择转基因产品。但矛盾就在于，抛开转基因产品安全与否，无论是选择还是不选择该产品，农户消费的食用油有92.7%都是转基因产品，因为他们自己种植的棉花、油菜、大豆

第三章 神奇的新种子

都是转基因作物,这或许就是"不知情的悲哀"。

从问卷调查的结果来看,农户是在对转基因作物没有完全认知的情形下种植的,转基因作物推广后带来的种植结构的变化没有激起农民的过激反应。接下来的问题在于农民不了解转基因作物但为什么接受?在这里回到社会变迁中小农行为动机的讨论,也就是说村民为什么要这样做。对于此,波普金和斯科特曾有过比较著名的争论,他们的研究都是基于东南亚小农社会变迁的分析,焦点在于一般的东南亚小农主要是为自身利益所驱使,还是为共同的村社价值观所驱使。波普金认为,小农是经济理性的主体,主要受个人利益驱使,在社会变迁中,甚至不惜牺牲村庄福利或共同福利来争取个人福利;斯科特认为,小农社会是通过共同的道义价值观、群体团结、旨在消除所有村民生存危机的共同习惯,以合作方式组织起来的社会行动。❶ 尽管二者的研究中都涉及小农对现代化的反映,这一点与本研究颇有相似之处,但二者都没有拿出在个人层面上的直接证据来支持其对小农动机的分析,也就是说他们缺少个体层面上的讨论,这是我要补充的。从潭村村民身上表现出的对知识的敬畏、对权利的麻木、种子销售过程中人情的运用、龙红在选种中基于"面子"的考虑等,都渗透出村民共同价值观和道义经济的影子;而日常生活的商品化让我们看到村民在交往中的理性与算计、在作物选择上对产量的重视与权衡,即便是在转基因作物的种植行为上也是基于其经济利益和效用的考虑,所有的外部制度和话语力量并未完全消解当地人的能动性,理性小农的面相无处不在。也就是说,小农行为的基础是集体道义与个体理性的结合,是两个层面两种力量共同作用的结果。转基因作物对潭村村民日常生活的构建最大限度地实现了理性和道义的统一,一直以来所争论的关于小农行为的基础,其中隐藏了生存理性与地方道义的庸俗平衡。事实上,村庄

---

❶ [美]李丹:《理解农民中国》,张天虹、张洪云、张胜波译,江苏人民出版社2008年版,第30页。

悄无声息的"革命"？ ——转基因作物与一个华中乡村的社会变迁

共同的道义价值观与生活的理性意志不可分割，村民的集体或个体行为与某种组织意志密不可分。在转基因作物的推广上，丰富多元的特性对于每个人的吸引力必然会以计划的形式出现，该计划完全或者部分地服从于对自己具有约束力的社会权力和共同道义，而集体和个体层面上生存的理性仍然可以展现，在这个问题上波普金与斯科特的争论将面临崩溃。

综合转基因作物的推广机制、实践模式和农户的认知，让我们看到各个主体围绕转基因作物所采取的行动目标各不相同。不论是在过去还是在现在，技术的运用都依赖于一种社会结构，而所有的结构与行为可以在一系列文化与历史背景中找到。政府在制定农业政策或专家研发新技术，主要目的都是尽快地实现农业和农村经济的现代化。他们力图用他们所认为的最佳方式来达到这一目的，尽管这些方法存在巨大的差异，但或多或少都会影响农村生产方式的变迁。改革开放之前所采取的主要方法，是把家庭农业改造为集体农业，从而实行大规模经营；取缔农村手工业，限制农家副业，从而实行农业生产的专业化；而改革开放后却恰恰相反，使集体农业回复到家庭农业，恢复和发展农村工业、商业和副业，因而使农民又变成了"亦农亦工"、"亦农亦商"的生产者。20世纪60年代开始的以小麦和水稻创新技术的引入为标志的"绿色革命"，使人口众多的亚洲国家能够满足日益增长的粮食需求，随着20世纪90年代以来转基因作物的推广，则改变了农村的种植结构，为全球的食物和社会经济发展提供了保障。[1] 从农业变迁的历史来看，政策主导的变迁为农村生产方式的直接变迁，这种宏大的叙事往往忽略种植结构与生产方式之间的重要关系。通过这种关系的考量，我们同样可以透视一种社会结构。转基因作物在农村的运用上，政府和知识分子看重的是其推广的绩效，种子公司关注的是转基因作物销售的利

---

[1] 李伯重：《江南农业的发展 1620—1850》，王湘云译，上海古籍出版社 2007 年版，第 174 页。

润,农民则是关心其产量但不知道自己种植转基因作物。各方都在用自己的手段来获取和维持自己的生计和资源,在"知识、权力"的共生中形成自上而下不平等的结构关系。在这种结构中,无论是对转基因作物安全与否的争论,还是对其功能和特性的渲染,各主体对转基因作物的认知莫衷一是,彼此之间缺乏沟通,上线与下线的互动呈现断裂状态。为了维持结构的平衡,种子公司发挥了重要的作用即用转基因作物的特性来代替其本身,底层结构的能动性也是基于其效用,"知识—权利—效用"共同形成一种文化生态,以此来推动农村的社会变迁。

有研究表明,新技术的不断创新与采用,是区分现代农业与传统农业的一个标准,而且农业技术创新是解决食物保障和推动农业发展的重要因素,是人们应对农业生产中发生的自然灾害和风险(如旱涝灾害、霜冻灾害、虫灾等)的主要手段之一。❶ 同样,新技术在农业上的运用也可以带来较高的农业经济收入,有确切的证据可以说明,对经济收入的渴求,是变迁的重要刺激因素。如果一种事物拥有纯粹的使用价值,即如果用它即将做什么来衡量的话,变迁就可被迅速、乐意地接受。❷ 与轰轰烈烈的政治经济体制改革相比,转基因作物在潭村的"进入与定居"显得悄无声息,这种状态也造就了村民对转基因作物"不知情"的认知。"无认知"并不代表其对村民的生产实践没有影响,在下一章将分析转基因作物的使用价值来进一步论证其被接受的原因,即讨论农户围绕种植转基因作物所展开的生产实践。

---

❶ 陈玉萍、吴海涛:《农业技术扩散与农户经济行为》,湖北人民出版社2010年版,第3页。

❷ [美]史蒂文·瓦戈:《社会变迁》,王晓黎等译,北京大学出版社2007年版,第193页。

悄无声息的『革命』?
——转基因作物与一个华中乡村的社会变迁

第四章 『革命性』的变迁之一

悄无声息的"革命"？——转基因作物与一个华中乡村的社会变迁

农民的生产方式即农业生产者日常生活所需要的物质资料的谋得方式。"春种一粒粟，秋收万颗籽"一直是农业生产者的美好愿望和追求目标。从传统的刀耕火种到现代的绿色革命，再到当代转基因作物的种植，在漫漫进化与发展的历史长河中，人类一直以其独有的创造力通过持续的技术革新不断趋近"水连海门铺远色，稻连京口发秋香"的目标。不可否认，农业技术创新在全球农业发展乃至人类社会进步中发挥了至关重要的作用，它一方面降低农业生产成本，提高农产品数量和质量，使农业增效；另一方面还通过降低劳动量和生活成本改变了农民的生活方式。❶ 从本书第二章表2-1中可以看到，改革开放前潭村人的生产和生活方式都没有发生根本性的变化，直到2005年前后村民的生产和生活才发生"革命性"的变化，所以本章仅以改革开放至今三十多年潭村种植结构的变化为源头，来讨论村民围绕农业生产所组织的日常生活实践。本章拟从两方面论证转基因作物种植前后村民生产方式的转变，第一是人与转基因作物种植之间的关系，第二是围绕种植转基因作物所产生的人与人之间关系的转变。通过种植相同类型但不同品种作物、不同类型作物所需单位劳动时间、劳动量的比较来证明生产方式发生的变化。

一、新种子的新变化

有记载认为，农村劳动力从田间的"解放"是由于机器的逐渐增多和使用，一部分繁重的体力劳动被机器所代替，劳动强度逐步减轻，农村剩余劳力逐年增多。这种说法在集约化生产的农场可能存在，但在潭村情况并非如此。从潭村的田野调查来看，近三十年农业机械化程度虽然有所改进，但并没有根本性的变化。以 Z 县志

---

❶ 陈玉萍、吴海涛：《农业技术扩散与农户经济行为》，湖北人民出版社2010年版。

第四章 "革命性"的变迁之一

记载为例,"Z 市农村以畜力耕田、耙田为主。犁有鸡母犁、键犁、两翻犁、虾子犁和连壁犁。可深耕 10—15 厘米,日耕 1.5—3 亩。耙有竖耙、顺耙,日工效 6—8 亩。此外,还有秒、轧磁、扑磁、苗磁、锄等。1953 年 5 月,湖北省农业厅派出新式农具推广工作队一行五人,到××中心农业生产合作社推广华北新式步犁(又名八时步犁)五部。这种犁系铁质结构,犁铧单句,有调节装置,一畜牵引,比旧式犁耕的深,拘底平,翻坯好,操作稳定,耐用性好,受到农民欢迎。其后逐步推广,沿用至今。……1956 年在新场区长江乡光明社开始推广中耕器,一畜牵引,日工效 20 亩,深受农民欢迎,至今仍在棉区普遍使用。……从 1973 年起,曾推广机动喷雾器,1978 年销售 140 台、221 马力。因在田间使用操作不方便,加上实行家庭承包责任制后生产规模变小,动力喷雾器便停止使用。"❶

实际情况往往需要调查来佐证,我看到的潭村至今仍然沿袭传统的耕作方式,因"一畜牵引"的需要,黄牛在农耕中有着非常关键的作用。潭村并不是家家户户都有牛,比如一组通常仅有五头牛,其他各组的情况也差不多。以龙庆家的黄牛为例,农户耕田要么是找龙庆借牛,要么直接请龙庆帮忙耕田。找龙庆借牛的多是他的亲戚或信得过的朋友,至少要提前三天预约,有空才能借,还牛时要带上一些草料之类的供牛以后食用;而请龙庆帮忙的多是村子里和他来往不多的人,一般是提前一天去请,商量好时间后,第二天早上请龙庆吃早饭,然后下田中耕,中耕完毕后结账,现在请一次的价格是 20 元。对于治虫的器械,和县志记载的差不多,在龙村一直使用背包式喷雾器至今,此种治虫器械是 1967 开始推广使用的,直到 2012 年开始有村民使用安装电池的背包式喷雾器,减少了喷药时手压的动作,相对轻松些。当然十几年前也有动力喷雾器,现在很少见,比如平四就曾有一台动力喷雾器,据说是那时种果树经常要

---

❶ 湖北省地方志编纂委员会编撰:《Z 县志》,中国城市经济出版社 1990 年版。

悄无声息的"革命"？ ——转基因作物与一个华中乡村的社会变迁

治虫，田间劳动量大，尤其在农忙季节需要动力喷雾器快速喷洒农药，但动力喷雾器操作时需要很大力气且噪声很强。田多的农户会请平四帮忙打药水，一个小时付给他15元，而田少的农户则用手动喷雾器自己打药水，只不过花的时间较长。2000年以后村民毁掉果树，其后种植的棉花虫害并不多，加上动力喷雾器笨重，逐渐就没有人用了，后来平四干脆将其当废品卖了。由于潭村的农田大多离家较近，村民收获时的运输工具仍以扁担、独轮车等传统运输工具为主。❶ 由此看来，龙村农业机械化程度并不高，这也为农作物品种的改良和新种子的引入提供了机遇。

图4-1 村民常用农具

因棉花是潭村人一直耕种的作物之一，这里以棉花为例来看其品种的改良和推广史。据史料记载，Z市植棉始于元末明初，至今已有600多年的历史。解放前，由于棉田经常受淹，技术落后，耕作粗放，种植面积时多时少，单产很低。民国二十一年（1933年）植棉仅16万亩，为本地棉种，总产2160吨，单产13.5公斤。民国二十三年（1935年）引进陆地棉种产量较高，品质较好，代替了本地棉。民国二十五年（1937年）植棉面积达到233174亩，总产

---

❶ 见图4-1。

3436 吨，单产 14.7 公斤。民国二十三年（1935 年）《湖北县政概况》载"脍炙人口之江花，因美花之倾销，亦大受影响。营花行业者，靡不啧啧叫苦。"❶ 民国二十七年（1939 年）面积减少到 191055 亩，总产 2271 吨，单产 11.9 公斤。日军侵占江北后，棉花生产遭受严重破坏，民国三十四年（1946 年）皮棉总产仅 1533 吨，比民国二十五年减产 55.4%。抗日战争胜利后，国民政府企图振兴 Z 市棉业，曾于民国三十五年（1947 年）利用银行贷款，组成棉花生产运销合作社，而白镇就是设立合作社的重镇之一，后因管理混乱，私人从中渔利，民国三十七年（1949 年）冬即垮台。解放后，国家积极动员农民发展棉花生产。1950 年，宜昌专署在江口设立植棉指导区，具体指导改换良种、防治病虫等植棉技术，到 1951 年皮棉单产达到 15 公斤，总产 3715 吨，坛超过抗日战争前的水平。在合作化运动中，棉田面积扩大到 27 万亩。从 1955 年起，国家对出售棉花实行实物奖励政策，1955 年植棉 272155 亩，总产上升到 4816.6 吨。1958 年白镇棉田 122109 亩 总产 4898 吨，单产 40.1 公斤，被国务院授予"社会主义建设先进单位"称号。1959—1961 年因自然灾害的影响，棉花虽有减产，但总产仍在 7000 吨以上。1962 年，白镇就棉花生产技术总结成《五关三十条》异铅印成册，次年发给全县棉农；同时，国家对出售棉花实行多种实物奖励，棉花产量上升很快。1965 年全县棉田 267970 亩，平均亩产过百斤，达到 52 公斤，总产 13957 吨。接着连续三年平均亩产过百斤。1984 年开始普及"××28"良种，大力推广地膜棉和营养钵育苗移栽，加上实行家庭承包责任制后，棉农精耕细作，1984 年棉花面积 236511 亩，单产 102 公斤，总产 24109 吨，创历史最高纪录。❷ 尽管棉花的种植

---

❶ 湖北省地方志编纂委员会编撰：《Z 县志》。中国城市经济出版社 1990 年版，第 122 页。

❷ 湖北省地方志编纂委员会编撰：《Z 县志》。中国城市经济出版社 1990 年版，第 122 页。所附图 4-2 为 80 年代白镇的棉花收购地。

悄无声息的"革命"？ ——转基因作物与一个华中乡村的社会变迁

技术和品种在不断改进，但虫多草多的问题一直没有得到很好的解决。村民要花费大量的时间来治虫锄草，而且这些事情是无法机械化操作的，所以村民也渴望能有优良的新棉花品种出现，这在下节会具体讨论。后来由于苎麻的热销，潭村人开始转向苎麻的种植，直至 90 年代初发展沙梨和柑橘等果树种植。2000 年左右开始引进转基因抗虫棉、玉米、油菜等作物，一直到 2005 年才开始大面积种植转基因棉花，当今潭村种植的多种作物均为转基因品种。尽管潭村人对转基因作物并不了解，但他们乐意接受，因为村民认为"种这个不费事"。

图 4-2　80 年代白镇的棉花收购地

俗话说"种瓜得瓜，种豆得豆"，在潭村选择种什么很重要，而选对种子更重要。就拿村民龙州来说，他今年 58 岁，年轻的时候是村小学老师，后来辞职在家种果树和棉花，现在潭村开了一个商店，属于村子里有见识的人。他对社会上的很多事情都有自己的看法，比如种田要讲究技术，做生意人际关系很重要，潭村落后是因为村民没有经济意识等。

龙州认为，村民之所以懒散打牌是因为两个原因：一是现在种田不需要花太多功夫，空闲时间太多，村民没有什么事情可以做；

第四章 "革命性"的变迁之一

二是交通不便,四面环水没有发展前景,人们没有干事情的动力,就只有打牌,而近几年国家政策好,农民都能吃上饭,所以也没有人上访闹事。他认为潭村未来的农业发展模式只能是农场,对于种田他也颇有自己的心得。龙州1986年辞职,主要是感觉小学老师工资低。他是一个肯钻研有魄力的人,认为经济是基础,所以要找门路挣钱,而种田就是他当时的选择,他认为只要选对种子种田是一定能挣钱的。他觉得自己老婆下田做农活不行,人际交往上也没有算计,是那种得过且过的人,所以年轻的时候经常打老婆,家里所有的事情都是他做主。辞职后他最初选择种梨子,刚开始不知道什么品种好卖,于是田里种了十几个品种的沙梨。后来发现了两种最好卖的品种,一种是早熟品种,汁多肉甜,另一种是中熟品种,个头大外观漂亮。他很快就嫁接更换品种,将家里所有的田都种上沙梨树,三年左右就赚了40000元。村民看到他品种选得好,都一窝蜂地跟着他种,后来种沙梨的人越来越多,而且为了赶价钱,多是沙梨还未成熟就开始采摘,品质和口感都下降了,导致销路不行。于是2000年左右龙州开始转向棉花的种植,刚开始也不知道选什么种子,就自己买回来试种。在选种上,他不太相信种子公司的人讲的话,认为那些卖种的都说自己的种子好。他一般是根据别人或自己试种的情况决定是否大量播种,他头年试种一亩,如果产量高、棉桃大、棉苗大就是好的。刚开始也没有赚到钱,后来找到了抗虫抗除草剂的好种子才尝到甜头。陆续也有村民开始学他选种,依据试种成功后的产量及抗虫效用来判断,抗虫的新种子最受村民欢迎。龙州对转基因作物没有了解,只是听卖种子的人偶尔提到过现在卖的是转基因的种子,但具体什么是转基因则不清楚,当然他也不关心。

龙州觉得棉花品种在科技的影响下产量有很大提高,与过去的棉花品种相比变化很大。记得60年代末70年代初的时候,亩产七八十斤皮花,种得好不过一百来斤,现在亩产两百斤以上皮花。现

悄无声息的"革命"？ ——转基因作物与一个华中乡村的社会变迁

在一亩地棉花一千株左右，相比以前的三千多株，少种一半苗子且产量高一倍。现在村民的田间管理没有以前精细，人工也少很多，棉花以前要锄草六七次，现在的新品种只锄草一两次，集体时代每天都要下田捉虫子，把棉花苗子摇一摇，村民就可以在地下捡到好多虫子，现在的抗虫棉抗一二代棉铃虫，只要打后面两代就可以了，治虫不超过三次，只需五到十毫升，种植新种子后田间的害虫少很多。从成本和收益情况来看，2011年，龙州种了6亩棉花地，每亩棉花地约需半袋种子，6亩地的棉花一共花了大约300元。除了棉花种子的投入以外，"新种子"棉花种植的其他投入也不大，当年每亩地施复合肥3袋，每袋约为130元，合计施肥390元。现在的新棉花种子防病防虫很简单，每年每亩地用农药仅需100元左右。锄草也不需要人工，每亩地喷洒除草剂约需50元，除此就没有其他的投入了。"新种子"棉花产量很高，当年每亩地收获籽花800多斤，当时的价格是3.5—4元/斤，毛收入是3200元，除去每亩地的成本，纯收入2800元左右。以前的棉花主要是农药的投入大而且产量低，在其他成本不变的情况下，每年每亩棉花地纯收入不超过300元，加上每亩地上交提留的税收，农民所剩无几。在龙州看来，选对了种子之后不仅田间劳动省事很多，而且收益比普通种子要大得多，因此他希望科技能发达。新种子"省事好种且高产的特性"成为农作物新品种在潭村受欢迎的重要因素之一。

有研究认为，转基因作物的种植对发展中国家的农户产生了明显的影响，表现在既降低了成本，减小了劳动强度，也有利于帮助他们脱贫。在我国，每种植一公顷转基因抗虫棉可以增加收入约2130元。在南非，种植抗虫棉不但使农民有钱用于子女的教育，而且还减少了劳动时间，使南非的妇女能有更多的时间待在家里照顾他们的孩子。[1] 潭村种植转基因作物后的现实究竟如何，是我接下来

---

[1] 金芜军："转基因作物环境与食品安全性研究——基因漂流、毒蛋白、转基因产品标识管理政策及标准化检测技术"，中国农业科学院2003年博士学位论文。

要讨论的。

二、不一样的棉花与油菜

尽管棉花是潭村人传统种植的作物，但大多数农户也并非单一种植某一种作物，而是会建立以一种或两种作物为主导、几种作物并存的种植结构，这从表2-1中我们可以看到。村民一年种植两季作物：夏季种植棉花，冬季种油菜、麦子或大豆等，而潭村目前所种作物品种均为转基因品种。从上一章我们了解到有84.9%的农户都种植过转基因棉花和油菜，为了简化分析，我以改革开放以后种植的棉花和油菜作为一年所种植的主要作物来讨论，其中棉花的种植周期是从每年四月至十月，油菜的种植周期是从头年十月到次年四月结束，也就是说，这两种作物种植周期刚好占满了潭村村民一年的田间劳动时间。下面将棉花和油菜的田间生产方式分为播种、田间管理和收获三阶段，分别比较种植转基因和非转基因品种在这三个阶段所需要的田间劳动时间和劳动量。因潭村现今田间种植作物均为转基因作物，且生产方式的同质性很强，所以我以案例的形式来呈现。

种植棉花的典型案例：

龙红，52岁，有将近30年种植棉花的经历，是该村种棉花比较有经验的村民之一。龙红至今一直都在种棉花，所以对种棉花的各项技能十分熟悉。棉花的播种期传统为"谷雨"后"立夏"前，民谚"早花的桃、迟花的苗"，就是指种植棉花要选对时节。"大跃进"期间，种植技能不成熟，村民多在三月下旬播种，低温阴雨，普遍烂种、死苗。经多年摸索发现，播种很讲究气候条件，一般温度15℃以上适合播种，这种温度出的苗子好。现在一般是四月初开始到四月中旬播种结束。播种后五天出芽，再等半个月转钵，转钵的目的是促使生根，减少病害，转钵五天后再移栽，这样苗子扎根

悄无声息的"革命"？ ——转基因作物与一个华中乡村的社会变迁

更深厚，大约五月份移栽到大田。"大跃进"期间，部分棉田密度过大，有一亩地种五千株以上的情况。60年代以"三桂香"等行式或宽窄行种植方式为主，密度三千株左右。70十年代后期，恢复以等行或宽窄行为主的种植方式，每亩棉苗2500—3000株。以前一般收获皮花70—100斤，即平均亩产300斤籽花；现在亩产籽花800—1000斤，去籽后约为200斤皮花❶。现在（转基因品种）一亩种植一千株苗子左右，而且产量比以前至少提高了一倍。就播种的过程而言，无论什么种子播种的程序都是差不多的，现在播种用的是双钵机，一个人一亩田一个工就够了，比以前的单钵机省工省力省事一半。现在的品种主要是节约了很多锄草和治虫的时间，所以村民就空闲很多；而且村民可以自由安排自己的事情和时间，不像集体时代是记工分，干活时间不自由，每天下田劳动八到十个小时，十分劳累。

田间管理从六月中旬开始到九月下旬结束，几乎占据了一年中1/4的时间。田间管理主要包括施肥、治虫和锄草，以治虫和锄草所花人工最多。六月中旬开花时开始下头肥，肥料为复合肥，下肥有两种方式，家里有耕牛的为开沟下肥。龙红每次都是借龙庆的牛耕田，这样土质更松软，耕地后效果好，不长草；家中无牛的农户采用挖窝子下肥的方法，下化肥为一亩田两小时左右。龙红家共有六亩地的棉花田，下农家肥很麻烦，要自己用独轮车推到田间，要四个工才能搞完。棉花出蛉后开始第一次治虫，时间大约是七月初，人工两小时，包括上水、装药等，实际上单在一亩地里喷洒两桶药水只要半小时就够了。现在的（抗虫棉花）虫很少，平均每周喷洒一次农药就可以了，如果药水好，打一次可以管半个月，也有下田人工捉虫的，现在一个人捉虫一亩田需要半天，一次捉虫可以管半个月左右。不像以前的种子（非转基因品种）从棉花长到一米左右

---

❶ 棉花收获后有"籽花"和"皮花"之分，其中直接从田间收获未做任何处理的棉花为"籽花"，将籽花晒干后通过榨花机做去籽处理后的称为"皮花"。

第四章 "革命性"的变迁之一

开始捉虫，人工找卵块，现蕾后一直找到开始捡棉花为止，每天下田捉虫，从早上五点下田到晚上七八点回来，早上和中午随便吃点饭，劳动量特别大，很辛苦。以前一天一个人两个工要十几个小时，少说也要下田八小时。以前种植的棉花虫子特别多，村民为此成立了捉虫小组，一亩田捉虫需要三天，算下来从开花到收获期间几乎每天捉虫。锄草现在是每个月除一次，一亩田一个人工，现在种植的转基因抗除草剂棉花也可以打除草剂，打完之后的第二天，草开始枯死，大约一周后草全部变黄直至枯死，等到全部枯死到下次长出新草大约间隔一个月，村民轻松很多；以前的棉花苗子不敢打除草剂，怕把棉花苗也毒死，只能人工月锄头除草，一亩田两个工，锄草一次仅仅管一周，如果第二天下雨则两天后草就长出来了。以前遇到下雨就要下田扶苗子，现在种植抗倒伏棉花种子有一定效果，下暴雨和起大风才倒伏。九月底开始捡棉花，正式捡花是在十月，现在一亩田一天一个工，一亩田从开始捡花到结束大约需要十个工。60年代开始推广五分收花❶很麻烦，80年代，多实行市架分摘，分级出售，捡花季节基本是上午秆棉花下午捡花，然后等棉花晒干❷以后出售，现在不秆棉花直接捡回来晒干就卖，省去了很多人工。

对于潭村现在的变化，龙红说："听老人说蛮早这里就开始引进棉花良种，但总体感觉产量提高不明显，最主要是虫多的问题没有得到解决，没有现在的棉花品种变化这么大，这么好。我也不晓得你给我说的转基因是么子东西，只晓得和以前的棉花肯定不一样，我们农民也不管那么多，只要好种轻省就是好东西。我觉得在田间管理上还是集体时代更精细，那个时候蚊子很少，现在的田间管理其实很粗糙，当然也用不着那样搞了，新品种省事啊。集体时代田里和路上很干净，杂草很少，蚊子比现在少很多，垃圾也很少，粪便两天一收拾，到处都打扫得很干净。以前池塘也干净，可以游泳、

---

❶ 即对收获的棉花进行分收、分晒、分存、分轧、分售。
❷ 见图4-3。

悄无声息的"革命"？ ——转基因作物与一个华中乡村的社会变迁

图 4-3　村民门前晾晒的棉花

洗衣服，现在都成了污水沟，主要是环境破坏严重后蚊子多，以前的蚊子都被水里的鱼吃了，现在所有的池塘都没有鱼，到处是水草，散发出臭味，水面上都是浮沉（浮萍）和垃圾……"

种植油菜的案例：

秀珍，38岁，家中四口人，丈夫在外打工，18岁的儿子本来也在外面打工，但去年生病后一直在家休息，还有一个60岁的公公在家里帮她干家务。秀珍家有六亩田，都是她一个人耕种，每年棉花捡完之后就会种油菜或者麦子。现在比较喜欢种油菜，尤其是有了新品种（转基因油菜）之后就一直在种，也留一亩田种点大豆和蚕豆自己吃，都是十月份播种。村里人基本都是这样的种植结构，她觉得跟着别人种庄稼应该不会错。油菜是十月底栽种，第二年四月收菜籽，俗话说"立夏三日连秆响，小满十日遍地黄"，就是说立夏小满之前收油菜。

秀珍的公公对种油菜很了解，他也回顾了油菜品种推广的情况。解放前，油菜多在房前屋后和荒坡地段种植，品种落后，产量很低，油菜品种为芥菜型的红辣菜，果子稀、菜籽小、含油量低，所以产

第四章 "革命性"的变迁之一

量不高。收获后主要用于点灯，或者榨菜油吃。解放后，大约50年代中期，潭村引进高产优良品种，开始重视栽培技术，为防止土壤传病，推行换田轮种不重茬。70年代初推广育苗移栽，村民感到种油菜对国对己都有利，加上××油菜良种的大面积推广，很多村民把种植油菜作为致富门路之一，面积和产量都增多了，80年代大面积普及。此后，不断引种，更新换代，从解放后到改革开放，共引进农作物品种上百种，很多都适应本地环境，潭村的气候条件较适合种油菜。后来种植沙梨等果树的时候停了一段时间，但从果树砍了以后又开始种，据说现在的油菜种子和以前又不一样了，产量很高，而且好管理，种起来不费事，所以村里种的人很多，基本上扯了棉材就种油菜。

早熟油菜一般在九月中下旬播种，迟熟油菜于十月初播种，播种前先将田地整理成碎土，然后撒种子。过去是播种后移栽，田间劳动花的时间长些，一亩田要两天。现在多在棉花地里直接套种，这样节约时间，一天时间就能种完。根据棉花衰退的早迟时间栽种油菜，如果扯棉材就要加强管理，不扯棉材就要多施肥。从撒肥的劳动量来看，一亩田一小时就够了，加上耕田要半天时间大约四小时。其实种油菜还是比较省事的，现在的（转基因油菜）产量提高了。他认为主要是靠天和科技，靠天是指油菜丰收要春天天干雨水少，俗话说"春天雨水是油菜的病，冬天雨水是油菜的命"，春天雨水多油菜就容易生病。田间管理也是治虫和锄草，现在的油菜虫很少，主要是蚜虫，关键是抗虫抗倒伏品种有一定的效果，一般打一次虫就可以了，一亩田一个人工很快就完工，以前的油菜种子虫多且产量低，至少治虫两次，要花两个工。现在给油菜打除草剂一亩田需要两个小时，之后一个月不需要管理，以前人工锄草一亩田要六小时左右，主要是起松土的作用，油菜长得快，很快就把下面的草盖住了，这样就不用锄草了。油菜在立夏左右收获，随着种子的改良，现在的收割期提前，成熟时间提早，一亩油菜一个人割下来

悄无声息的"革命"？ | ——转基因作物与一个华中乡村的社会变迁

要一天。现在油菜种得好亩产 700 斤，最差也有 300 斤，以前只能收获两三百斤油菜籽。

2011 年，秀珍家种了 3 亩新品种油菜，每亩地每袋种子花费平均为 13 元，买种子共花费 40 元左右。种植油菜比种植棉花更省事，投入也更少。除了油菜种子的投入以外，种植油菜的其他投入也不大，油菜地可施农家肥，农家肥不需要花钱，都是自己家里粪池中的。油菜的种植只是在初期需要防病防虫，每亩地农药的花费为 75 元左右，除草剂花费 40 元左右，等到油菜长大之后就不需要喷洒除草剂了，除此之外其他的投入就没有了。秀珍家的油菜当年每亩收获 500 斤菜籽，当时的价格是 2.4 元/斤，卖了大约 1200 元，除去成本，每亩新品种油菜地纯收入 1070 元左右，加上村子里种植粮食作物的补贴为每亩地 90 元，每亩平均可收获 1150 元。

下面我通过对以上两则材料的分析，将种植转基因作物和非转基因作物所需的劳动量作对比，以种植一亩地平均所需人工计算，一个工通常是指村民从家里出去到田里劳动完毕后再回家的时间，平均四小时左右，见表 4-1。

表 4-1 不同作物所需劳动量和平均亩产量

劳作内容	转基因棉花	非转基因棉花	转基因油菜	非转基因油菜
播种（人工）	1	2	2	4
施肥（人工）	0.5	0.5	1.5	1.5
治虫（人工）	6	65	0.5	2
锄草（人工）	3	24	0.5	1.5
收获（人工）	5	10	1.5	1.5
产量（斤）	900	300	500	250

从上表可以看出，种植一亩转基因棉花整个周期所需田间劳动量是 15.5 个人工，劳动时间合计 62 小时；种植一亩非转基因棉花的劳动量是 110.5 个人工，合计 442 小时，两者田间劳动时间差为

380 小时。从访谈中得知，播种所占人工的不同是由于播种机的改良，收获所需人工的不同是源于出售方式的不同，而施肥所用的劳动量基本没有变化。也就是说，转基因作物在劳动量上的贡献主要在于田间管理中的治虫和锄草，而这也是转基因作物所具备的主要性状，即抗虫、抗除草剂，以及其他抗倒伏、抗旱等性状，由于村民在抗旱和倒伏上所花劳动量很少，这里忽略不计。其中，转基因棉花治虫和锄草所需平均劳动时间为9个人工合计36小时，非转基因棉花所需时间为89个人工合计356小时，由此来看种植转基因棉花比非转基因棉花在田间管理上少花费320个小时，从节约的总劳动时间来看，来自于转基因作物品种的贡献率是84.2%。同样，从上表中可以推算出种植一亩转基因油菜整个周期所需田间劳动量是6个人工，劳动时间合计24小时；种植一亩非转基因棉花的劳动量是10.5个人工，合计42小时，两者田间劳动时间差为18小时。其中转基因油菜治虫和锄草所需平均劳动时间为1个人工合计4小时，非转基因油菜所需时间为3.5个人工合计14小时，由此来看种植转基因棉花比非转基因棉花在田间管理上少花费10个小时，从节约的总劳动时间来看，来自于转基因作物品种的贡献率是55.6%。从产量来看，种植转基因棉花比非转基因棉花平均亩产量增加600斤，种植转基因油菜比非转基因油菜平均亩产量增加250斤。

由此可以证明，转基因作物的种植从两方面改变了村民田间的生产方式：一是转基因作物的种植使亩产量增大，劳动生产率提高；二是田间劳动所需要的劳动量和劳动时间大大减少。这在很大程度上解释了如今潭村村民悠闲的原因，即农闲时间迅速增多，也给农村劳动力从田间转移出去提供了更多的机会。尽管在改革开放之初就有村民陆续外出打工，但传统的农忙季节打工者都会回乡帮忙，村民多为半年在外打工，半年在家务农。转基因作物种植之后，传统农忙季节消失，在这种情况下村子里的年轻人和男人则可以长期外出打工；农闲时间增多的情况下也有年纪稍微大些或家底丰厚的

悄无声息的"革命"？ ——转基因作物与一个华中乡村的社会变迁

转向其他的副业，如养猪、开店、收棉花、收猪仔等。龙有文就是从农业转向副业的一员，他考虑到自己年纪大了外出打工机会较少，于是2006在家里开了商店，专卖种子、化肥、农药和日常用品，现在生意也不错。他的儿子和女儿都在武汉打工，他和老婆在家里开店，家里的农田则出租给其他村民。

在潭村，村民种植转基因作物之后，其田地耕种的劳动时间和劳动量减少，大量劳动力从土地上"解放"出来，有更多时间用于外出打工和休闲。潭村因此形成了两种典型的家庭生产方式，即"轻工老耕"和"男工女耕"型家庭并存。"轻工老耕"的家庭是指子女出去打工，老人在家种田或照顾孙子的家庭；而家里老人过世或者身体不好无法下田劳动的家庭，多是男人出去打工，女人在家里照顾小孩并下田劳动，形成"男工女耕"的家庭生产方式。随着生产方式的变化，家庭收入结构也由纯农业收入为主逐渐转向农业收入和打工收入并重的经济形式。由于转基因作物引入后田间管理简单化，使对村民个人种田技术的要求开始降低，即农业科技的进步弥补了个人技术的不足，这样一来，村民在田间收入上的差距逐渐缩小，加上家家户户都有人外出打工，打工收入也弥补了家庭收入的不足，使潭村的贫富差距缩小，在阶层结构上有从分化走向整合的趋向，这是让人兴奋的现象之一。

三、在果树与棉花中选择

上节围绕两种主要的转基因作物即棉花和油菜做了比较，本节将比较种植果树和转基因作物的田间劳动量和劳动时间。潭村种植果树曾以沙梨为主，故将其作为主要作物与转基因棉花做比较。因种植沙梨为十年前的事情，为了避免个案访谈在村民记忆上所产生的差异，这部分材料我以小组访谈的方式获得，即与五个村民一起聊天。下面的材料为相互补充后的综合谈话记录，但不以现场对话

第四章　"革命性"的变迁之一

的方式来呈现。

潭村大面积种植沙梨是在 1990—2000 年这十年间。沙梨从首次栽种到挂果大约需要三年时间。那时村子里的所有农田都是成片的沙梨树，没有人种植其他经济作物，仅仅在梨树之间的空地种一点猪草或者蔬菜，只为了自给自足。种植沙梨的田间管理工作包括剪枝、施肥、除虫，然后就是成熟后的下果、搬运、出售，用村民的话说"一年四季所有的田间劳动都是围绕梨树在忙活"。剪枝是每年一次，村民多是请技术人员帮忙剪枝，一亩田一个人至少两个工；施肥一年三次，分别是梨子卖完后施肥被称为"还阳肥"，即让梨树恢复元气，第二次施肥时间是在第二年春季梨树开花期间称为"保果肥"，第三次是梨树挂果后施肥称为"催果肥"，每亩地施肥所花费的时间至少要两天，也就是一个人四个工；除虫是很频繁的事情，除了九月初刚下完梨子到此后的三个月不用除虫，其他每个月至少除虫两次，如冬季用石灰刷树干驱虫、春季喷洒农药等，一亩地至少两个工；卖梨子也叫下果，从七月中旬开始一直到九月初结束，这是村民最忙的季节，那时外出打工的人不多，出去打工的地点基本上在省内，农忙季节打工者都会回家帮忙卖梨子。那个季节刚好学校也放暑假，村里的孩子们都在家帮忙干家务活。

90 年代的潭村家庭结构多是"六人家庭"，两个老人、两个中年人、两个 10 岁左右的子女。生产方式就是两个老人下田摘梨子、两个中年人负责分装到箩筐中，然后用独轮车搬运至田头，按不同的规格用大钢车拖到收购沙梨的地方排队，两个孩子做家务如烧饭、洗衣等，可以说是"全家总动员"。整个夏天都是村民忙碌的身影，从早到晚在田间穿梭，早上五六点起床下田摘梨子，中午排队卖梨子，卖梨子至少要两个小时，多则花费半天时间，很多时候都会被筛选出来一些不合格的，卖不出去的要么第二天按次品的价格低价卖，要么自己吃。下午卖完后回来吃晚饭，晚饭后再到卖梨子的地方去结账，一般晚上十点左右才能回家休息，家里大人小孩都觉得

125

悄无声息的"革命"？ ——转基因作物与一个华中乡村的社会变迁

很辛苦。

从以上材料来推算，就一个成年人一年种植一亩沙梨所花费的劳动量包括：剪枝2个人工，施肥12个人工，除虫36个人工，下果到出售按一天两个工计算一个半月共计90个人工，合计140个人工，田间劳动时间共560小时。由于梨树种植期间未种植其他作物，这也可以看成是一个村民一年种植一亩地的全部田间劳动时间。如果将转基因棉花和油菜作为村民一年所种植的所有作物，来计算种植转基因作物以后的劳动时间，其中一个村民一年种植一亩转基因棉花需要15.5个人工，油菜为6个人工，共计21.5个人工86小时。相比之下，种植果树比种植转基因作物多花费的田间劳动时间为474小时。由此来看，潭村种植果树的很长一段时期，田间劳作需要的劳动量很大，劳动时间也较长，农忙季节除了吃饭时间，从早上五点到下午六点都在田地劳作，平均每个人每天的劳动时间是三个工即12小时左右。整个家庭的生产需要大量劳动力，在收获期必须依赖于家庭成员和亲属的共同劳作，很少有农闲时间，因而从事副业或休闲的人不多，外出打工者很少，即使有打工者农忙季节也会回来。

大约从1998年抗洪时开始有村民砍掉梨子树，一部分选择种橘子树，也有选择种棉花的。因为种沙梨的人多了，对梨子的要求水涨船高，供大于求，价格下降；再者也有很多人觉得种果树太辛苦，加上有人外出打工挣了不少钱，于是有人想选择新的致富门路。但毕竟种了这么久的果树，有些村民舍不得砍，刚开始有许多出于观望的心态，暂时先种着沙梨。也有几个"胆子大"的村民全部砍掉选择了种棉花，后来村民看到他们的收成不错而且也轻松，感觉种棉花才是明智的选择，逐渐越来越多的村民开始砍掉沙梨树选择种棉花，大约2005年以后潭村就没有沙梨树了，现在的潭村能看到的都是成片的棉花地。

从上述分析来看，转基因作物的种植对农民生产方式的影响在

第四章 "革命性"的变迁之一

于对田间劳动量需求和劳动时间上的减少,由此支持了潭村劳动力的外流和男工女耕生产方式的形成。为了进一步证实种植转基因作物比种梨树轻松,我以潭村现存的两种家庭生产方式来看种植转基因棉花后村民一天的时间安排,以夏季的两个月为例,这是潭村传统的农忙季节。

"轻工老耕"❶型家庭:

图 4-4 潭村的留守老人

阿秀,女,58 岁,没有上过学,但是很乐意交谈,她和村子里的人关系都不错,但是仍然感觉这个社会是不公平的,主要是觉得种田赚不到钱。她丈夫大黑 63 岁,是家中独子,特别喜欢打牌,在当地属于好吃懒做的人,有时候会在外面到处借钱打牌,但经常输钱,在村子里口碑很差,阿秀常为了打牌的事情和大黑吵架,出于报复心理阿秀也常去打牌。她有两个儿子,大儿子小江 32 岁,和儿媳妇一起在广州打工,有一个孙女在家上小学,小儿子小河 22 岁,现在深圳打工。阿秀和大黑现在共种了七亩地,以棉花为主。他们

---

❶ 见图 4-4。

悄无声息的"革命"？ ——转基因作物与一个华中乡村的社会变迁

老两口通常早上五点左右起床，不吃饭就下田，带上一两个自家地里产的瓜果，饿了就吃一点，大黑在田间一般是负责治虫，阿秀锄草，大约忙到上午10点回家。回家后大黑喂猪，阿秀洗衣做饭，每天上午忙完后，一天的农活就结束了。中午早早地吃完午饭，他俩就到村子里的麻将馆打牌。在麻将馆打牌的并不都是村子里相互熟识的人，也有路过的或者是外村的。阿秀通常玩到下午七点左右，有时候也会等到天黑才离开麻将馆回家做晚饭。每天的田间劳动时间仅仅是上午四小时左右。

"男工女耕"❶型家庭：

图4-5 干完农活早早收工的留守妇女

春玲，35岁，丈夫大民常年在外打工，仅仅过年的时候回家待十天左右，女儿上初中。她老公有三个兄弟，在兄弟中排行老三，家中老人以轮火头的形式供养，一年转一次，今年老人转到老大家中，平时女儿上学住校后只有春玲一个人在家。她从去年开始租种隔壁二狗家的两亩地，二狗两口子都出门打工，于是春玲以一亩田

---

❶ 见图4-5。

128

第四章 "革命性"的变迁之一

200元的价格把二狗家的地租下来耕种，包括自家的地总共种了五亩地的棉花。她一天的时间安排是：早上4:30起床开始洗衣服做饭，然后喂猪扫猪圈、扫地。这些事情做完后吃饭，大约6:10从家里出发下田，6:30到达地里干活。最远的田在人和院，有一里路，走过去至少要15分钟，最近的田在家门口走过去两分钟，一般10:30回家吃午饭。做饭喂猪大约需要一小时，有时候吃完饭午休一下。从下午1:00左右一直到6:00，是她的休闲歇暑时间，她几乎都在和固定的牌友打牌，有时候打完牌之后大家闲聊一会儿，大约7点之前回家。到家烧火做饭、喂猪大约需要一小时，吃饭半小时。饭后去跳舞或者在家看电视，一般晚上10:30睡觉。

春玲从早上起床到晚上睡觉一天的活动时间是18小时，每天在田间的劳动时间大约是四个小时即一个工，除去早中晚做家务的四个小时和睡觉的六个小时，她每天有10个小时都在休闲。潭村"男工女耕"型的家庭基本上都和春玲一样，而这些女人在一起往往成了固定的牌友或者舞友。

由此可见，种植转基因作物大大减少了村民田间劳动的时间和劳动量，多数村民仅早晚下田劳作，每人每天的劳动量仅为一个工。种植转基因作物使村民对现今的田间劳动产生"轻松、省事"的积极体验，也成为其能被接受的重要原因。随着村民休闲时间增多，外出打工者也逐渐增多，也就是说，转基因作物的引入变相地支持了潭村劳动力的外流，从而与当下村民的生产和生活形成一种互补的依赖关系，这种关系推动一种新型的农村生活方式的形成，即围绕种植转基因作物所形成的留守者独特的生活方式。如今潭村家里以留守老人、妇女和小孩为主。在当下的潭村，1990年后出生的小孩多为独生子女，如今潭村主要的家庭结构已经转变为"五人结构"，即两个中老年人、两个年轻人、一个小孩。家庭生产方式为一个小孩上学，两个老人劳动，两个年轻人出去打工。因为没有过去的农忙时节，所以打工者仅每年过年回家，打工者与家庭留守人员

129

悄无声息的"革命"？ ——转基因作物与一个华中乡村的社会变迁

之间的互动减少，村民交往圈子扩大为有共同爱好的牌友、码友和舞友等，而不仅仅是亲属，在下一章我将具体论述。

四、摘棉花的女人们

上节谈到了田间生产各个环节所形成的人与物之间的关系，这节讨论农作物生产过程中人与人之间的关系。在田间劳动中，播种及日常土地护理等只需要人与人之间的有限协作，[1]收获季节所需劳动量比较大，因此收获工作往往需要人与人之间的扩展性协作。随着转基因作物的种植，外出打工者的逐渐增多，部分需要家庭成员共同协作的劳动也在家庭内部解体，转而寻求亲属关系之外的田间协作。人与人之间的协作关系也由不计较报酬的"帮忙关系"转变为如今计较报酬的"互惠关系"，这种关系的变化主要体现在季节性收获阶段。

改革开放后的二十年，潭村村民的生产方式没有发生根本性的变化。无论是"男耕女织"抑或"男耕女耕"，家庭中的男人和女人都在村子里共同劳动或者就近打工，地域上的变化不大，相互协作是自然而然的事情。以种植果树为例，每年的七八月份即沙梨的收获季节，都是通过家庭内部或者亲属之间的共同协作完成的。村子里的亲戚之间经常相互帮忙，特别是田多的农户，除了自己家里人之外，还会叫来亲戚帮忙下梨子，基本形式为：今天甲帮乙家收获梨子，明天乙帮甲，两家轮流做饭，饭做得也简单，能够吃饱就可以，吃完饭就下田劳动。亲属间的这种合作都是免费的，是一种纯粹的"帮忙关系"。

种植转基因作物以后，田间劳动量减少，许多农活一个人在家就能够做完，即使在收获季节外面打工的人也很少专门回家帮忙。

---

[1] Terray, E, *Marxism and Primitive Societies*, trans. M. Klopper, New York: Monthly Review Press., 1972: 117.

第四章 "革命性"的变迁之一

对于农田特别多的农户，在棉花收获的季节仅靠自己是忙不过来的，因为地里的棉花同时"爹开"，如果不及时采摘遇到下雨就会影响品质。于是有些村子里自发组成专门负责摘棉花的"女人团"，一般是由四五个妇女临时组成，棉花收获季节过后就会拆散，加入的条件是自己种的田不多，而且干活很利索。

阿秀就是潭村摘棉花女人团的召集者。因为阿秀很健谈，人缘好，认识很多人，所以她很容易就找到另外四个搭档，分别是留守妇女阿香、小琴、春玲、黄花，她们几个年龄都在35岁左右。其中阿香和阿秀是姑嫂亲戚，阿香和春玲是小琴的牌友，黄花是阿香的邻居。她们中间阿秀年纪最大，自然就是团长，负责联系需要摘棉花的农户，不仅是在本村和本镇，连南北二乡她们有时候也会去。因为阿秀的姑子在南边乡里，姐姐在北边乡里，可以经常给她介绍那边的农户，加上阿秀做事情认真，所以她们团几乎每隔几天就被请到外村摘棉花。刚好我也有机会跟着她们去摘了一天棉花，以此来观察她们一天的劳动过程。

国庆节那几天刚好放假，天气晴好，正值摘棉花的季节。前天得知阿秀她们打算去北边乡里摘棉花，我与她约好第二天一起去，她特意交代下田干活要穿破一点的衣服，说是脏了容易清洗，等摘完棉花回来后再换干净衣服。早上五点起床，五点半到阿秀家门口集合，大家都很准时，一人骑一辆自行车就出发了。骑车到江边半小时，六点左右坐上船，六点二十开船，十分钟不到就靠岸了，到达农户家里大约七点。主人很热情，招呼我们坐下吃早餐，一大锅稀饭加上十几个馒头，还有一点自家腌制的咸菜。由于饿着肚子走了这么多路，我感觉有点累没有胃口，只喝了一碗稀饭，她们好像习惯了，都说要多吃点干活才有力气，每人两碗稀饭两个馒头，吃完饭走到田里才七点四十左右。我已经说好不要工钱，所以只是在田间帮她们打下手，然后拍些照片。我遇到的第一个困难是感觉这片棉花地很大，但不知道具体有多大，极为恼火的是自己头脑中对

悄无声息的"革命"？ | ——转基因作物与一个华中乡村的社会变迁

一亩地有多大没有概念，平时只是听到村民说而已，理论与实践的错置让我在这一刻感到无比沮丧，后来从主人口中得知这片棉花地有"炮吧亩"❶。她们每个人同时负责两路棉花，即并排的两列，人站在两列棉花中间的间隙一根一根的摘过去。❷ 看着她们兴奋的表情和指尖飞舞的棉花，我也过去凑热闹。小琴和阿香手脚快，很快就摘到前面去了，黄花和春玲速度中等，阿秀年纪大稍微慢些，所以我选择帮助阿秀。她们并不是一声不吭只顾摘棉花，基本上从下田开始就没有安静过，聊天的内容无非是东家长西家短。就黄花来说，她一直在讲最近和堂嫂吵架的事情，原因是堂嫂找她借东西，她态度不热情所以堂嫂觉得她吝啬，最后东西没借成两个人还吵起来，并扯出来许多过去的旧事，搞得最近两家人互不来往了。阿秀劝黄花不要太生气，说她堂嫂人不坏，只不过说话直来直去，但黄花还是喋喋不休地说这辈子都不和堂嫂来往了，阿秀就不再理会开始转移话题……大约十二点吃午饭，午饭很丰盛，有鱼有肉，满满的一桌子。大家吃完饭坐了几分钟就下田了，下午一点半开始继续摘棉花，一直摘到下午五点半左右收工，平均每个人大约摘棉花 150 斤，阿香摘的最多差不多将近 200 斤。晚饭后主人给她们每人 80 元，算是他们一天的工钱。大约六点回村，一路上大家都很兴奋，船上的河风也扫除了大家的疲惫，我看到的表情依旧是满足和希望，似乎没有人觉得累，回到家七点半。

据阿秀说，在棉花收获的季节她们每个人至少可以挣 800 元左右，她们不仅摘棉花，有时也帮少数种橘子的农户下橘子，是一样的劳动时间和价钱，包一日三餐。如今的潭村，由留守妇女组成的"女人团"形成一个圈子，邻村也有人组织类似的圈子。收获季节中的劳动协作由曾经的"帮忙关系"逐渐转变为"互惠关系"，阿秀认为主要原因在于以前都是亲戚之间互相帮忙，经常在一起不分你

---

❶ 当地方言指大约十亩的耕地面积。
❷ 见图 4-6。

第四章 "革命性"的变迁之一

图 4-6 摘棉花的女人

我,没有想到要钱当然也不好意思谈价钱,现在村子里青壮年男人都不在家,老年的男人碍于面子是不会去做这种事情的,帮忙的对象也多是交情不深的人,而女人和别人谈价钱就没有人觉得没面子,而且自己劳动能多挣钱也很高兴,再说也帮了别人,大家相互不欠人情心里也轻松。

从田野调查来看,田间耕种的特点是劳动需求的不平衡性,尤其是整顿土地、收获庄稼等方面所需要的劳动量都是不同的。一般来说,家庭成员和亲属之间相互协作的共同劳动,有助于建立起家庭成员间长期稳定的社会关系。人类学家特里(Terray)也曾通过研究西非的家庭关系证明了这一点。[1] 他认为,家庭成员之间稳定的情感关系主要是通过农业劳动中的协作需求而维系在一起的。随着潭村大面积种植转基因作物,田间劳动量大幅度减少,村民的生产方式已经发生本质性的变革。况且村民可以花钱"请帮工",这样使家庭成员共同耕作的机会逐渐减少,即便是在收获季节,打工者也很

---

[1] Terray, E, *Marxism and Primitive Societies*, trans. M. Klopper, New York: Monthly Review Press., 1972: 117.

悄无声息的"革命"？ ——转基因作物与一个华中乡村的社会变迁 ▷

少回家帮忙，村民认为这样既省事也免去了打工者来回的路费，打工者与留守人员之间的关系也在悄然发生着变化。新作物的引入不仅改变了村民的生产方式，也改变了文化模式和生活方式。下一章将讨论转基因作物对家庭生活、休闲活动以及社交活动产生的深远影响。

悄无声息的『革命』?
——转基因作物与一个华中乡村的社会变迁

第五章 『革命性』的变迁之二

悄无声息的"革命"？——转基因作物与一个华中乡村的社会变迁

当生产方式由"男耕女耕"转变为"男工女耕"或"轻工老耕"，村民的生活方式也随之发生变革。如果说上一章我关注的是构成潭村社会历史事件的同一性即社会生产的外在形式，本章我将走进村民的日常生活，去感受裹挟在生产形式下的生活内容，去呈现社会事件的特殊性，描摹潭村人纷繁复杂的社会生活。没有内容的形式是空洞的，同样，如果我不去言说这些事件的特殊性，那么对潭村文化的研究将是呆板而苍白的，也是不完整的。潭村的故事绝不是简单的历史，它像一出戏剧，我们都是作者，也都是剧中人物，剧情无休无止，但永远是完整的关于现代性的戏剧。"男工女耕"或"轻工老耕"是潭村现存社会生产形式，也只有在这种形式范畴下思考潭村社会生活的特殊性才是有效的，接下来我将围绕村民生产方式的变化来讨论潭村的那些人和那些事。

一、孩子的问题

"黑皮"是阿秀的孙女，2006年出生，因为皮肤特别黑而被村民戏称为"黑皮"。我是后来和阿秀混熟以后才知道黑皮原名叫"睿晶"，是黑皮的表姨帮她取的名字，因为表姨是高中生，属于亲戚中的"有文化的人"，所以黑皮才有了如此雅致的"学名"。黑皮并不是生来皮肤就黑，是因为她喜欢在外面玩，即使三伏天也不怕太阳晒，当然黑皮不是一个人玩，而是和村里同龄的小伙伴一起。总之，在大人看来，潭村的孩子都是一群"不怕晒日头的娃子"，只是黑皮是这群孩子中晒得最黑的人，故而得此名。

我是七月初到达潭村的，是当地的酷暑季节，在村口的路边常见到黑皮和那群孩子。黑皮特别开朗，属于胆子大的孩子，她曾好奇地问我"是哪里来的"，一来二去我们熟悉起来，她常会告诉我许

第五章 "革命性"的变迁之二

多孩子的小秘密,如她们最喜欢玩的游戏叫"请锅锅灶"❶。还有家里的情况:奶奶就会凶,父母都不在家没人管她,大人就记得打牌,小伙伴都讨厌做作业,干妈倒是蛮好……黑皮刚上一年级,有时候做家庭作业会遇到难题,但阿秀是文盲也看不懂,即使学校开家长会阿秀忙起来也不参加,这些都是让黑皮烦恼的事情。黑皮也有自己的快乐,那就是每天和小伙伴一起玩,还有就是买零食。据黑皮说,有时候阿秀要打牌,她饿了会吵闹,阿秀往往很凶,如果赢钱了就会给黑皮两块钱,让黑皮自己去经销店买零食吃,这是让黑皮很高兴的事情,所以黑皮总是希望阿秀打牌能赢钱。

在潭村,许多小孩都有干妈。如果家里只有儿子没有女儿,村民就会找关系好的亲朋好友认一个女儿做"干女儿",反之亦然,以满足自己儿女双全的愿望。黑皮在邻村就有一个干妈,她很喜欢去干妈家里,因为干妈会给黑皮梳头、洗头、买零食,所以相比阿秀,黑皮更喜欢干妈。村子里的干妈对"干孩子"都不错,最常做的就是给孩子买东西,以免孩子的亲生父母背后说她们小气,但干妈是不负责教育孩子的,主要是怕孩子的亲生父母"有意见"。有时阿秀打牌到晚上,黑皮困了就跑到干妈家去睡,但干妈那里毕竟不是自己家,如果黑皮去的次数太多,阿秀就会教训黑皮"不要天天往干妈那儿跑,咋这么不懂事",所以黑皮对于不能每天去找干妈感到生气。

黑皮最近很期待的事情就是从三年级开始就要住校了,这在黑皮眼里意味着自由,她说:"等我住校了还好些,奶奶就管不到我了,也不会凶我。"我很惊讶黑皮的想法,也没想到她对阿秀会有这么多的不满,但黑皮说她们几个好朋友都是这样想的,住校以后自己可以想干什么就干什么,也不会有大人管。对于自己的爸妈,黑皮的看法是"爸妈回来当然好啦,他们会给我带新衣服和好吃的东

---

❶ 当地方言,从她们玩的内容来看是类似"过家家"的游戏。

137

悄无声息的"革命"？ ——转基因作物与一个华中乡村的社会变迁

西。"这就是孩子眼里的大人。

阿秀常怀念一家人在一起的日子，种梨子树的时候虽然辛苦，但一家人下田做事情，非常热闹，而且家里的事情也有人商量。现在种田虽然轻松些，但是一年到头见不到儿子，把孙子留在家里也是个麻烦，用阿秀的话说就是"蛮锁人"❶。对于黑皮的教育，阿秀有自己的苦衷，主要在于阿秀没有上过学，不懂教育的事情。但对于黑皮的学习，阿秀颇有信心，从阿秀的言谈中可以看出。阿秀说："我们农村的娃子都是自成人。黑皮小的时候，不会走路就天天抱着，抱个孩子打牌不方便，现在大些好带些，反正给她吃饱了就不管了，让她自己到外面玩，晚上她自己知道回家就行。我没有读过书，她的作业我是看不懂的，也没得能力教她，不过娃子蛮争气，在学校里面成绩还可以，比后头老五家的孙子学习好，那个娃子听说考试都没有及格……"

在阿秀的心里还有一个顾虑，就是对黑皮的管教很难，完全不管也不行，但是作为奶奶她不能管太多，打骂得太多怕儿媳妇有意见。此外，阿秀说："现在的孙子都带不亲，奶奶对她再好也等于零，等她爸妈一回来她还是维护她爸妈，你看平时和我睡得好好的，她爸妈一回来，那是哄都哄不过来的。"以此来表示她带孙子"划不来"的心情。

过年的时候，我刚好见到了阿秀的儿子小江和媳妇彩云，他们都在广东的五金厂打工，一家人唯一的交流方式就是打电话。他们平时工作时间很长，仅每周日休息一天，只有休息的时候才有空给家里打电话，由于电话费并不便宜，因此他们每人每周只会给家里打一次电话。彩云通常打电话给黑皮，关心她的学习情况，小江则打电话给阿秀询问家里的情况，每次接到电话阿秀都会说家里很好，不用他们担心，让他们在外面安心工作。因为距离老家太远，回去

---

❶ 指不能随心所欲地做事情。

第五章 "革命性"的变迁之二

路费很贵,而且现在农村不忙,回家也没有事情可以做,所以小江和彩云仅过年回家待两周左右。他们平时会给家里寄钱,但阿秀通常不要他们寄钱,一般过年回家小江会给阿秀300元左右,离开家的时候再给家里留2000千块钱,阿秀会把钱放起来作为黑皮上学的各项开支。

彩云是外来媳妇,是小江在广东打工的时候认识的,他们是自由恋爱,感情还不错,但两人有时会为阿秀和黑皮的事情吵架。尤其是黑皮生病时,阿秀的处理方式让彩云很难接受。记得黑皮刚出生还未满月时,连续几天晚上哭得特别厉害,彩云怎么哄都无效,想去医院看看是不是生病了。由于彩云未满月不能出门,就让阿秀带黑皮去,可阿秀不同意去医院,说这么小的孩子哭得太厉害是被鬼缠住了,找个"瞎子"❶一"送"就好。尽管彩云不相信,但看阿秀如此坚决就同意试试。之后阿秀找来"瞎子",在家里的后院烧纸,口里念念有词,巧的是之后黑皮不哭了,彩云心里对阿秀的做法虽然不满,但是孩子好了她也没说什么。据说阿秀之所以相信"瞎子",与她小时候的经历有关,阿秀年轻的时候患过"神经病",主要表现为不认识人且每天唱歌喊口号,后来被"瞎子"看好了。当然阿秀也不是每次都会找"瞎子",比如黑皮感冒发烧肯定是看医生的,因为这个病很简单,一打针就好了。此外,村民眼里那些莫名其妙的病症,如失眠、哭闹等精神类疾病,几乎不会送到专业的医院,肯定是找"瞎子"医治,如果病好了就将其归结为超自然的力量,如果没治好就是被恶鬼缠住了。彩云还向我提起一些让她觉得"无语"的事情,比如村子里去年有个年轻人得肺癌去世了,尽管医生说是因为他们专门做烧烤生意,长期在外面吸入炭灰过多导致的肺部病变,但村子里很少有人提及这个说法,相反更多的人提到他生前有瞎子提醒他们的小孩脸上有胎记,可能会克死夫妇中的

---

❶ 当地的"瞎子"不一定是指眼睛看不见的人,但他们有盲人学巫术的传统,是对专门从事算命、看风水等人的统称。

悄无声息的"革命"？ ——转基因作物与一个华中乡村的社会变迁

一人。村民认为瞎子的话很灵验，因此村子里很多人都相信这种说法。彩云是个外来媳妇，对于阿秀和村民的许多做法她都是怀疑和反感的，但小江却认为这类事情他们已司空见惯了，没什么好讨论的。此外，彩云觉得阿秀没有管教黑皮，所以黑皮不听话，生活和学习习惯都不好；而小江则觉得教育孩子是父母的责任，阿秀已经很不容易了。彩云觉得在孩子的问题上她们很难达成一致，当然彩云也曾经为孩子的事情做过努力。她说："我们也曾想带黑皮和我们一起去打工，然后上学啊，之前在广东那边打听了一下，很少有学校接收，即使要也要多交很多赞助费，我们打工的哪有这么多钱交哦，还是农村上学便宜。我打算等黑皮上三年级的时候回来带孩子，一是她奶奶年纪大了管不了孩子，二是女孩子长大了还是要妈妈教育的……"总之在孩子的照看和教育问题上，彩云与阿秀母子存在无法言说的隔阂和无奈。

从现实来看，尽管他们意识到主要靠阿秀照料和教育黑皮是不行的，但现在他们也没有解决问题的好办法。随着孩子逐渐长大，老人的年老体弱，类似阿秀一家的"轻工老耕"型家庭会向"男工女耕"型家庭转变。事实上，对孩子的教育、对老人的赡养原本就是打工夫妇在农村家庭中应尽的责任，而对打工者工作的支持也应是其余家庭成员的基本任务，潭村的现实是双方通过互动将彼此的责任"对换"成了各自的权利。从阿秀一家的情况来看，打工者对掌握留守人员基本生活境况的愿望比较强烈，而对其基本生活信息的了解也是他们各自履行其社会角色的要求。一方面通过打电话、寄钱等互动形式，打工者与留守人员实现了打工成果的输回、情感的沟通和信息的共享，一定程度上弥补了因家庭重要成员外流带来的角色缺失，使互动双方特别是打工者应有的经济角色和社会角色的功能得以维持，有利于家庭结构长期的发展和稳定。[1] 另一方面，

---

[1] 钟真、简小鹰："农村打工者与留守人员间的互动：意义、途径与成本"，载《中国农业大学学报（社会科学版）》2007年第6期。

第五章 "革命性"的变迁之二

由于互动方式自身的特点和互动环境中各种因素的影响,对打工家庭而言互动的成本还较高,如高昂的电话费和路费,一些主要互动方式的效率还较低,不利于互动效应的充分发挥。

在潭村,像黑皮一样的孩子有很多,他们的父母长期外出经商、务工,把他们留在原住地交给其祖辈或其他亲戚照料,每周的电话成为孩子和父母之间互动和交流的途径,这种互动方式最多起到关心的作用,很难实现教育的功能,主要的监管责任仍然在祖辈身上,而隔代教育在教育能力、教育观念和教育方法上所存在的局限性是显而易见的。有研究认为,留守儿童由于长期亲子分离,得不到父母面对面的教育和关爱,存在严重的亲子教育缺失,往往会引发安全问题、心理问题、行为问题、生活问题和学习问题。[1] 尽管这些问题暂时未在"黑皮"和其同伴身上显现,但农村留守儿童作为社会上一个弱势群体,他们的亲子教育缺失问题是不容忽视的。本来许多背井离乡的父母外出务工的主要目的,大都是希望通过打工改善家庭生活和子女的命运,这些父母的最佳选择,应该是带孩子一同在打工的地方生活,既可以增进与孩子的感情,又能监督他们的学习,但户籍限制、各种额外的费用或复杂的入学手续,使他们不得不把子女留在家中,让他们成为留守儿童。由于父母双方或一方外出务工,对子女的抚育便落在父母其中一方或亲属身上,传统农村家庭教育功能的双系结构、双系抚育的主导性便由于双系教育结构的分裂、瓦解而受到了很大冲击,呈现出单系结构或者社会化执行主体的变迁甚至缺失。[2] 曾有报道称,家庭没有称职的监护人是留守孩子面临的最大潜在危机。监护权的缺失对孩子的人格发展、社会化和道德发展都将带来影响,得不到父母的教育,孩子就容易从其

---

[1] 唐喜梅、卢清:"农村留守儿童亲子教育缺失问题及对策研究",载《江西教育科研》2006年第9期。

[2] 李梅、杨汇泉:"农村留守女童反社会行为生成的现象考察——邓军'买处'个案的生命历程理论分析",载《中国农村观察》2010年第1期。

141

悄无声息的"革命"？ ——转基因作物与一个华中乡村的社会变迁

他渠道获取不良信息，如同龄人的不良习惯、越轨行为等。留守孩子的成长之路一旦走偏，纠正起来的代价和精力是难以估算的。❶ 法国克里斯琴·施皮茨博士曾经这样忠告做父母的人：培养你们的孩子，多和孩子在一起，因为亲情的抚慰与关怀有助于孩子的成长。而留守儿童成长期缺乏的恰恰是父母亲情的抚慰与关怀，这是我们应该重视的。解决农村留守儿童的亲子教育缺失问题是一个长期、复杂的过程，从一定程度上来说，只要农村劳动力外流的现象存在，留守儿童就不会消失，而转基因作物的引入变向支持了农村劳动力的长期外流，可谓是"失之东隅，收之桑榆"。

二、甜蜜的悲哀

无论是"轻工老耕"还是"男工女耕"型家庭，在转基因作物引入潭村之后，由于田间劳动强度的降低，打工者回家的频率都在减少。曾有针对留守妇女的调查研究显示，外出打工丈夫每年在外时间为 10—12 个月的比例最高，省外务工丈夫的年回家频率最低，半数每年仅回家一次，另外也有农忙时期的季节性返乡。❷ 从潭村外出打工家庭的统计数据来看，仅丈夫在外打工的"男工女耕"型家庭占打工家庭的 76.62%，其中丈夫在外省打工者占此类家庭的 92.49%。在潭村种植转基因作物之后，农忙时期的劳动强度大大降低，昂贵的回乡路费和"请工"的出现，使打工者传统的季节性返乡也显得多余，他们一般是在春节期间从务工地返回家乡，在家停留的时间为 7-15 天。农村留守妇女因丈夫外出打工所受到的影响，有研究形象性地表述为"新三座大山"，即劳动强度高、精神负担重

---

❶ 周俏春、邹焕庆："13 岁孩子当妈妈"，载新华网，http://news.xinhuanet.com，2004 年 5 月 25 日。

❷ 黄颖："丈夫返乡对留守妻子家庭的意义"，载《妇女研究论丛》2013 年第 1 期。

第五章 "革命性"的变迁之二

和缺乏安全感。❶ 我认为，这种现象只存在于"民工潮"产生之初，而转基因作物引入后的潭村劳动强度已经大大降低，留守妇女的生活状态也有所变化，当然这种变化与生产方式的转变有关。

八月的一天，潭村西头一阵喧闹，我也跟着人群去凑热闹。走近一看，原来是狗子的老婆桃花用菜刀把红玉的胳膊砍伤了，狗子已经用摩托车把红玉送去诊所包扎，而桃花仍然怒气冲冲地在人群中叫骂。从骂的内容来看，是说红玉勾引他老公狗子，二人早有奸情，最让桃花不能忍受的是狗子最近经常打她，据说这也是红玉唆使，她忍无可忍所以砍伤红玉。桃花喋喋不休地骂了半小时后，在一群中老年妇女的劝说下才回家。

桃花和狗子四十岁左右，两人育有两个儿子，老大上高二，老二上初一。两人年轻时勤劳肯干，每天下田干活都是夫唱妇随，早出晚归，感情很好。通过种果树发财之后，他们在村子里早早地盖上了两层楼房，小日子过得让人羡慕。后来看着村子里许多男人出去打工，狗子也想出去，但桃花舍不得狗子外出打工，于是两人商量着做点小生意。狗子头脑灵活，看到潭村毁掉果树改种棉花之后，养猪的人也多起来，狗子遂在家里同时做起贩卖棉花和猪仔的生意。

红玉家住在桃花家的对门，两家隔着一条大马路，由于是邻居，两家来往较多。红玉老公是潭村第一批出去打工的男人，90年代初就到外地做建筑工，现在常把村子里的年轻人带出去打工。据红玉回忆，以前每到卖梨子的时候，老公都会回来帮忙，即使不回来也会经常往家里寄钱，两个人感情还可以。后来种田轻松些，老公一忙就很少回来，每到过年才回家待几天。红玉有事情都是找狗子帮忙，因为桃花要做家务照顾两个孩子，所以红玉有时也帮狗子去贩棉花。慢慢地狗子和红玉的流言蜚语在潭村传开，最开始两个人都

---

❶ 转引自黄颖："丈夫返乡对留守妻子家庭的意义"，载《妇女研究论丛》2013年第1期。

143

悄无声息的"革命"？ ——转基因作物与一个华中乡村的社会变迁

是偷偷摸摸的，自己也很紧张。后来村子里出去打工的男人多了，大家感觉外面的人好像都很开放，尤其是红玉隐约察觉自己的老公好像对自己也有不忠的行为，于是她也无所谓了，和狗子的来往也变得频繁起来。

红玉被砍伤的事情发生后，红玉老公寄了5000块钱要她在家休息，没事情就出去打牌。另外，红玉老公打电话警告狗子夫妇不要欺负红玉老实，要狗子赔偿医药费5000元，并威胁说不赔钱就等着挨揍。狗子夫妇经中间人调解协商最后赔偿红玉3000元，此事也算告一段落。现在几乎整个潭村的人都知道红玉的事情，红玉也在公共场合不避讳，比如在和别人聊天的时候炫耀，"昨天打牌的钱是私下找狗子拿的"，"今天桃花出去了，刚好晚上要狗子到我家吃饭"……三个卷入此事的当事人态度也开始心照不宣。

桃花说："我是蛮相信我家男人的，狗子是老实人，都是被红玉这个骚婆娘迷坏的！"

狗子说："红玉是人家的老婆，和我没得关系，我只是有时候给她帮忙，当然是要和桃花过日子啦！"

红玉说："以前忙的时候我老公都会回来帮忙，我们经常见面当然感情不错啦，现在钱是挣得多，但平时都不在家，打电话也就是关心他儿子，都老夫老妻啦，我们也没有什么好说的，不过他蛮肯干在外面蛮辛苦，娃儿读书都靠他啊！说实话我也不是喜欢狗子，我主要是想报复我男人，因为他蛮早就再外面找别个了，我经常一个人在家里也蛮烦，找个人帮忙有什么错哦，再说这种事情村子里多得是。"

在潭村待久了，我发现对于此类事情的处理方式，村民表现出超乎寻常的一致性，即当事人通常"当做没事情发生一样"，而我们所说的"被戴绿帽子的人"或"受害者"采取的态度则是"替自己的妻子（或丈夫）辩护"。当然村民的态度并不是从来如此，转基因作物的引入以及季节性返乡的消失，都推动和颠覆了潭村原有的

第五章 "革命性"的变迁之二

两性关系，同时被颠覆的还有千百年来爱情婚姻家庭观的价值取向。从当地村民口中我知道那是经历了一个漫长的道德变迁过程——由最初的"唾弃+惩罚"到如今的"接受+漠然"。

在男耕女织时代，村子里人很多，交往主要局限在家庭成员和亲属之间，血缘和情感建立了家庭成员间长期稳定的社会关系，"偷情"事件鲜有发生。一旦此类事情出现，当事人要被抓去跪祠堂，然后给长辈磕头认错，如果不能得到原谅就会受到族人的严厉指责，最后"会被唾沫星子淹死"。在男耕女耕时代，家家户户都很忙碌，村民累的都没有时间想"两口子的事情"，村子里很少有人从事副业或休闲，外出打工者不多，即使外出打工的农忙季节也会回来帮忙，共同的田间劳作在家庭成员和夫妻之间建立了密切的互动和情感联系，家庭结构和关系都比较稳定。到了男工女耕时代，潭村传统"三亩耕地一头牛，老婆孩子热炕头"的生活方式已被"独守空房"所取代，留守妻子与打工丈夫之间聚少离多几乎成了一种常态，难以忍受丈夫长期外出打工成为出轨的原因，在村民眼里逐渐变得司空见惯起来。当然也会有人在背后议论此类事情，我也有幸知道这些"秘密"，如翠芝和一个五十多岁的男人打得火热、小商贩磨子是春玲和阿芳共同的男人，据说他们曾经还为争磨子吵架……村民现在的看法是"人家两口子的事情，不用我们瞎操心"或"宁拆十座庙，不拆一桩婚，这种事情还是不说为好"，也有人认为"这有什么哦，人家能找到男人证明人家有本事"。基于村民当前的想法，打工丈夫回家后是不会有人主动告诉他们这些事情的，加上当事人的反应都是无所谓，所以在今天的潭村，因为出轨而离婚的家庭几乎没有，也就是说潭村的两性关系虽然在不断发生变化，但家庭结构基本上是稳定的，阿秀也曾帮我证实过这一点。

在潭村，诸如此类的故事还在上演，潭村人对待出轨的态度也透视了人性的复杂与矛盾，追求自我享乐的个人行为，原本被指责为罪恶，现在看来似乎变得可以被原谅，这就是道德变迁的结果。

悄无声息的"革命"？
——转基因作物与一个华中乡村的社会变迁

如果仅用道德批判来看偷情事件略显不完整，而"甜蜜的悲哀"不失为当今生产方式下两性关系的隐喻与写照。"甜蜜的悲哀"原是西敏思（Sidney Mintz）《甜蜜与权利》中的概念，曾被萨林斯（Marshall Sahlins）用来讨论西方犹太教—基督教文化传统中的宇宙观及其文化观念形态，指的是西方现代性所包含的对人性的双重解释，即一方面认为人有权利从各种外在的社会制度中解放出来，另一方面认为这种解放与资本主义造成的剥削和殖民主义侵略的悲哀不可分割。❶ 于是在我们的时代，才有了这样的"两个人"：被诱惑着的人和一个被剥削着的人，前者随心所欲，后者被迫遵守规范，没有前者的存在，现实世界中人的形象注定是不完整的。两地分居的生活方式使打工者和留守者都面临着不同的"诱惑"，一方面正如潭村留守妇女性压抑解决的方法采用心照不宣的出轨方式，如果将出轨看成是打工者与留守者身体上的解放，那么他们试图摆脱传统道德的束缚，看似是对所谓幸福和快乐的追求，但同时也背负着社会压力；另一方面对配偶出轨的报复心态，也暴露出人性的挣扎与悲哀，而这种悲哀是结构性的社会流动所导致的，是现代性对人的一种剥夺和吞噬，而身体则以特别强烈且非常痛苦的方式承载着社会结构。我用"悲哀"是因为人们怀有太多的无奈和焦虑，将生活界定为追求幸福的人长期看来无一幸免都是不幸福的。每个家庭在组建的初期都有和谐稳定的想法，外出打工的目的无疑是挣更多的钱，让未来的生活更幸福美好，但物质生活的满足最终替代不了打工者与留守者精神和身体上的压抑。随着生产方式由男耕女耕转变成男工女耕，家庭成员从双系结构转变成单系结构，丈夫的缺位必然导致家庭功能的部分缺失，家庭也从需求共同体转变成选择性亲密关系。

从男工女耕生产方式产生之初，家庭失去了工作和经济单位的

---

❶ ［美］马歇尔·萨林斯《甜蜜的悲哀》，王铭铭、胡宗泽译，生活·读书·新知三联书店 2000 年版，第 67 页。

功能，并与劳动力市场发生了新的关系。在社会流动的早期，男人被卷入辛苦的外出打工生活中，女性在一开始就被纳入家庭领域，负责照看孩子和田间劳动，男人和女人都被纳入新形式的个人空间。这样一种两性关系框架，符合"二分的现代性"的准则，❶ 在这一框架中，一种新的依赖形式逐渐变得重要起来，那就是女性越来越需要依靠丈夫的收入，与此同时，丈夫也需要妻子长期地在家劳动和照看小孩，才能在打工地正常工作。定期和季节性返乡都为正常家庭功能和夫妻关系的维持起了补充作用。然而，转基因作物引入后农村劳动力的外流，存在长期分居两地的问题，使两性亲密度和责任感降低，从而对婚姻的忠诚度和家庭关系感都有不同程度的冲击，夫妻更有可能形成选择性的亲密关系，两性报复的心理长期存在也可能引发婚姻危机，在未来可能会导致家庭结构的变化，而这与幸福的初衷是背道而驰的。

三、牌友加舞友

在上一章曾详细描述了两种生产方式下村民一天的时间安排，除去睡觉和劳动的时间，村民每人每天的休闲时间平均为 10 小时左右。这 10 小时无疑是村民日常生活中重要的组成部分，从我对潭村的观察来看，村民如今的休闲时间主要用来打牌，曾经风行过的赌码仍然存在，但参与的人只是少数，新近发展的休闲方式是跳舞。本章主要讨论打牌和跳舞，对赌码不做详细论述。

曾有很长一段时间，在农村，打牌一直被视为"男人玩的游戏"，然而当下的潭村打牌并非男性专利。曾几何时，妇女已悄然崛起为农村打牌的主力军，门前、树下一群妇女围着麻将桌或战或观已成为很多农村随处可见的风景。曾有研究指出，农村麻将主体已

---

❶ [德] 乌尔里希·贝克、伊丽莎白·贝克、格恩斯·海姆：《个体化》，李荣山、范譞、张惠强译，北京大学出版社 2011 年版，第 102 页。

悄无声息的"革命"？ ——转基因作物与一个华中乡村的社会变迁

呈现女性化，并对其原因作出了分析，即农业生产积极性的丧失；留守妇女以玩麻将消除生活寂寞；农村传统文化的萎缩和新型文化尚未形成；计划生育减轻了农村妇女生育子女的负担；农业科技水平的提高和应用缩短了劳动时间，减轻了劳动强度。❶ 这些富有洞见的研究结论为本书提供了参考和佐证，唯有一点不同的是，在潭村打牌的主体包括妇女和老年人，村民的农业生产积极性并未丧失，相反由于转基因作物种植后的高产，村民生产积极性较高，打牌仅是村民消除寂寞和积极交往的重要手段。

在男耕女织时代，潭村村民很少打牌。如果下雨，男人无法下田劳动便会打扑克，而女人多在家纺棉花、纳鞋底、剥花生、打猪草等。逢年过节，亲友会在一起相聚，村子里会有人组织舞狮子、采莲船，偶尔也会放露天电影；长辈对女人的限制很多，比如妇女是不能在堂屋睡觉的，衣服也不能和男人的晾到一起，更不能在同一个盆里洗衣服，吃饭不能上桌子等，女人打牌是连想都不敢想的事情，更不知道麻将为何物。据已有的研究来看，麻将牌大约成形于道光年间的江浙地区，最初流行于船夫商人之间。❷ 虽然男性和女性都会参与到这种游戏中，但对于单独一桌麻将而言，游戏者的性别构成往往是单一的，最初仅限于男性。在潭村，麻将的出现要更晚一些，潭村最早出现麻将牌是在男耕女耕时期。从 1991 年开始村子里有村民买麻将，大约 1997 年后打麻将的村民逐渐多起来，2000 年以后几乎家家户户都有麻将，牌友一般为亲朋好友，牌局的大小是两毛钱一盘，以娱乐为主。

在男耕女耕时期，由于农忙季节田间的劳动强度大，村民一般农闲季节才有空打牌，牌桌上仍以男人为主，牌桌上的参与者多是

---

❶ 傅北水、刘莉：“妇女缘何成为农村玩麻将的主体”，载《调研世界》2001 年第 10 期。

❷ 转引自贾钦涵：“玩物丧志？——麻将与近代中国女性的娱乐”，载《学术月刊》2011 年第 1 期。

第五章 "革命性"的变迁之二

有血缘关系的家庭成员和亲属,他们打麻将的时间也较为集中,常在节庆年关之际。这个时期女人上桌打牌被认为是不顾家、玩物丧志的表现,被视为对传统的越界,所以女人上桌打牌的仍然是极少数。男人打牌的时候女人多是做饭、洗衣,或是给打牌的男人们做些服务性的工作,如发烟、倒茶之类的。另外"赌码"也是这个时期非常流行的游戏,从村民看的"码书"来判断类似于香港的六合彩。赌码不是多个人玩,而是一个人研究,相比麻将而言,赌码的魅力小很多。赌码现象有其存在的周期性,一般是从该乡邻近的地区传入,由个别"码庄"(卖码者)发展"码民"(买码者),在半年或一年后,随着码庄和码民的增多,"赌码"变得极为普遍,几乎成为公开的社会行为,后在各级公安部门的打击下减少或转入地下秘密进行。但迄今为止,"赌码"并未完全在潭村消失,只是买码的人少很多。[1]

到了男工女耕时代,由于大部分年轻人和男性外出务工,家里以老人、四十岁以上的妇女和小孩为主,田间的农活也不多,村民开始找娱乐。因为打麻将简单易学,不像赌码那样需要动脑筋,所以农村麻将场逐渐被老年人和妇女占据,交往圈子也由亲属扩大为有共同爱好的牌友,以前几乎不串门的人,现在也因为打牌而串门,女人渐渐跨越了传统世俗道德的种种规范。

现在的潭村,打牌的地点有两类,一是麻将馆,二是村民家里。潭村共有十个小组,五个大组,如今每个大组都有一到两个麻将馆。这些麻将馆都是私人开设的,买两个自动麻将机就可以开门做生意,馆主一般是住房宽敞,且男人在家里搞副业的家庭。早上9点左右开门,陆续就有村民开始过去组场子,馆主每桌一天收40元桌子钱,这个钱由打牌的四个人共同出,规则是每打完一局,和牌的那个人就拿钱出来凑份子,金额由牌局的大小决定。比如,打2元的

---

[1] 万江红、胡艳华:"从新功能主义理论角度看农村'赌码'现象",载《中南民族大学学报(人文社会科学版)》2005年第3期。

悄无声息的"革命"？——转基因作物与一个华中乡村的社会变迁

"血流"，❶ 和一次凑 2 元，以此类推，一直凑齐 40 元交给麻将馆老板为止。如果包吃午饭的话每人多加 10 元，包吃午饭和晚饭的每人多交 15 元。阿秀两口子就是每天光临麻将馆的人，早上起床下田把农活干完后，吃过午饭就去麻将馆打牌。打牌的基本上都是一个村子里的人，在麻将馆打牌不分男女，也不一定是自己的亲戚和熟人，只要能凑齐四个人就开始打，只要在一起打牌自然就熟悉起来了，时间长了也就成了牌友。在打牌过程中经常会有争吵的事情发生，因为观战的人很多，现场很吵，比如某某打错字了、打牌慢等都会有人吵，但吵过之后还是一起玩，并不记仇，据说这叫麻将馆的牌风。

在村民家里打牌的基本上是固定的牌友，❷ 如翠芝、阿香、小琴、春玲四人就每天一起打牌，她们一般不去麻将馆。组成固定牌友的不一定是自己的亲戚，往往是有共同兴趣的人，这个兴趣不仅指打牌，而是指个人经历或者价值观相似，也就是"物以类聚，人以群分"。即使是自己的至亲，如果合不来也是不会固定在一起打牌的，比如阿秀和阿香虽然是姑嫂亲戚，但阿香觉得阿秀小气且年纪大反应慢，就不愿意和她打牌，而阿秀则觉得阿香爱嚼舌根很烦人，也不愿意和阿香一起玩牌。翠芝、阿香、小琴和春玲四个人年纪差不多，老公都在外面打工，都是"话唠型"的人，最为重要的是她们都有出轨的经历，所以她们在一起打牌还是为了能及时交流出轨经验，有时候边打牌边议论村子里的"秘密"。她们的吃饭方式是四家轮流转，在谁家打牌就在谁家吃饭。尽管每天打牌，但田里的农活都没耽误，形成早晚下田、其他时间休闲的生活方式。当然固定的牌友圈子也不止她们四个，比如英子、红玉等也分别有固定的牌友。对于为什么要打牌的问题，阿香说："现在种田比以前轻松些，

---

❶ 村民对一种麻将玩法的称呼，此种玩法每局都要多次开钱或收钱，也比喻大量现金在牌桌上流动。
❷ 见图 5-1。

第五章 "革命性"的变迁之二

图 5-1 妇女固定的牌友圈子

不像种梨子的时候一到中午就排队卖梨子，不可能像现在每天有时间打牌。再说不打牌搞么事呢，天天坐在一起哪有这多话讲哦，不打牌就没人缠你玩，像我不打牌就无聊心里痒，打牌人多好玩些！"正如阿香所说，在潭村如果不会打牌还会遇到一个问题就是很难融入交往圈，如阿香的弟媳阿芳就有过这种经历，阿芳是外地人，刚嫁到潭村的时候不会打牌，最开始还有人同她聊天，时间长了大家也懒了，休闲时基本没有人找她玩。尤其是家里有人打牌时，阿芳在旁边看不懂，不陪在旁边又显得不合群，后来阿香建议她学打牌，跟着阿香实战了几次就慢慢学会了，不过阿芳是新手，打得太慢，所以阿芳的牌友基本上都是动作慢的老年人。

打牌虽具有传统游戏的消遣、沟通情感等功能，但"朋从相遇之时，卜日卜夜，每借琴棋书画消遣闲情，而意趣非可强同"，它与琴棋书画等古老的家庭娱乐品有质的区别，因为涉及开钱，有时候也会闹矛盾。比如在麻将馆，有两个六十多岁的老头打牌为开钱打架，一个和了另一个忘记开钱，于是和牌的人用啤酒瓶砸破了对方的头；即使固定的牌友也有翻脸的时候，如小琴和阿香打麻将，阿

悄无声息的"革命"？ | ——转基因作物与一个华中乡村的社会变迁 ▷

香放铳后忘了开钱给小琴，打完后发现小琴和错字了要赔钱，小琴说阿香上局没开钱就不赔钱给阿香，但阿香不承认，结果两个人吵起来……此事之后两人至少一周没说话，后来小琴和阿香在其他牌友的劝说下，才再次于牌场上言和。正因为打牌有时候会伤和气，村子里也有政府官员来宣传禁赌，基本上是换届选举的时候，多是口头上说说，然后村干部警告村民最近有人来抓赌，晚上早点睡觉不要在大路上打牌，即使打牌也不要玩钱，主要是娱乐等。但这样的风声最多持续一周，一周后人们照常肆无忌惮地打麻将。

　　构成农民闲暇的最基本的三大因素是闲暇时间、闲暇活动和闲暇心态。❶ 闲暇时间的获得只是农村留守老人和妇女打牌的一个必要条件，虽然这种闲暇时间的获得未必是出于留守者的意愿，但是如果她们在面对这种所谓的闲暇时间时，有足够的闲暇消费方式可供自由选择，留守者也未必会一窝蜂地集体涌上麻将桌。然而，农村文化生活尤其是农村妇女文化生活的贫困，直接催生了农村麻将文化独霸一方的局面。有人谴责打牌不仅伤财气也伤和气，与此同时，社会上也存在一些声音，认为打牌是一种正当的娱乐，因为有些留守者本不会玩牌，不过为了融入交往圈子，受别人的影响也渐渐接触麻将。因而在一定程度上，麻将游戏在留守者的社会交往中扮演着重要的角色。从上面的例子中，我们看到麻将游戏复杂的反现代性的一面，这是一部分人反对打麻将的理由，但同时又是这种娱乐被社会容忍、接受的重要原因。从"丧志"的游戏到"娱情"，打牌事实上已经演变成一种符号。顽固的保守主义者、虚伪的政府官员……每个人在必要时都可以把它拿来当作批判驳斥别人的靶子，和粉饰装扮自己的道具。在各种论述互相颉颃的场域中，打麻将的主体往往置若罔闻，依然尽情享受这种游戏所带来的快乐，毕竟这个社会能带给留守者的欢乐实在太有限了。法国学者伊丽莎白·派

---

❶　田翠琴、齐心：《农民闲暇》，社会科学文献出版社2005年版。

第五章 "革命性"的变迁之二

白诺（E-lisabeth Papineau）认为，中国的麻将游戏可以看作在政治环境压力下形成的一种来自民间社会的抵抗。❶ 而美国学者詹姆斯·斯科特曾在《弱者的武器》一书中描述了受压迫的农民如何通过偷工减料、偷懒装傻等日常形式，以低姿态对抗现实社会的不平等。❷ 我们不禁要问，麻将是否也可以看作近代社会中留守群体的一种"弱者的武器"呢？或者她们并非有意要通过玩麻将来展示政治要求，而是给无力舒展自己生命欲望的女人们提供了精神的避难所。对大多数"牌友"来讲，与其说她们把生命浪费在打麻将上，是因"玩物"而"丧志"，不如说是整个社会压抑的生存环境迫使留守者"丧志"后，她们才集体沉沦在"玩物"之中。或许是意识到这个问题，最近镇里下发文件要丰富村民的休闲和文化生活，倡导健康积极的休闲娱乐方式，于是村干部开始发动群众跳广场舞，才有了开篇英子组织村民参加的镇广场舞比赛。村民的社会交往对象也由牌友扩展到舞友，休闲方式也从单一的打牌发展为白天打牌晚上跳舞。

跳舞是潭村新近流行的休闲方式，许多村民都觉得跳舞不仅健身，而且感觉和城里人的现代生活方式更接近，也觉得很新鲜，所以村民都乐意接受。最开始是由英子等人积极负责发动的，现在几乎每个大组都有自己的舞场，❸ 舞场一般选择晒场大且是水泥地面的农户家门口，有的是用电视机和影碟机放音乐，有的是用旧电脑加上小音响放视频，播放的舞曲多是《最炫民族风》、《伤不起》、《爱情买卖》等。晚上跳舞的时间是从晚上八点开始到晚上九点半结束，也有村民七点半就开始过去热身，这部分人是真正的"舞迷"，如阿秀、翠芝、阿芳、红玉、兰花等，还有一部分人是凑热闹，比如阿

---

❶ Elizabeth Papineau, Mah-jong, A Game with Attitude: Expression of an Alternative Culture, *China Anthropology*, No. 28（2000）：29—42.

❷ ［美］詹姆斯·斯科特：《弱者的武器》，郑广怀、张敏、何江穗译，译林出版社2007年版。

❸ 见图5-2。

悄无声息的"革命"？ ——转基因作物与一个华中乡村的社会变迁

图 5-2 潭村最大的跳舞场地

香、小琴、黄花、春玲、桃花等人。阿芳是一组舞友中最年轻的，接受能力强，跳得也好，所以她负责学习新舞蹈然后给大家示范，基本上是每三天学一支新舞蹈。一组的舞场设在桃花家门口，尽管桃花只是凑热闹，但也乐得和大家一起玩，翠芝每天晚上吃完饭就早早地跑过去跳舞，而且是每曲必跳，一直跳到大家散场，她觉得现在生活有了寄托，每天都很兴奋。每次学新的舞蹈大家都很认真，而且让我惊讶的是，她们学跳舞的速度很快，跟着音乐学两遍就能跳。在跳舞这件事情上，村民打破了固定的牌友圈子，使有共同爱好的舞友不计前嫌地走到一起"切磋舞技"，也吸引了越来越多的村民参与其中。具体的跳舞场景在导言中有描写，这里不再赘述。

在迅速现代化的时代里，对于刚刚从"男人社会"中走出的潭村女性来说，麻将确实是她们相互沟通情感和排遣寂寞的绝妙工具。任何一项娱乐活动得以兴盛都要具备两个条件：第一，该活动主体有必要的休闲时间，这是其从事娱乐活动的前提，而种植转基因作物，刚好帮留守在潭村的村民实现了这个条件；第二，该娱乐方式符合娱乐主体的选择偏好，这一点决定了娱乐主体为何选择这种而

第五章 "革命性"的变迁之二

不是其他的休闲方式。当生产方式由男耕女耕转变为男工女耕,打工经济带来的人口外流、集体经济体制的解体和民众欣赏口味的变化,使诸如玩龙灯、舞狮子、采莲船、露天电影等传统的农村大众文化日渐衰微,甚至消亡了。而现代的休闲方式如旅游、上网等,由于经济条件、自身素质等方面的限制,暂时难以被留守者接纳。传统民间文化的式微、现代娱乐文化的缺位,加之国家文化政策在娱乐导向上的性别缺失,共同造成了农村留守者休闲文化的贫困。❶这也是跳广场舞一经宣传就立即被接受的原因。农村留守者打牌或跳舞并非农村文化生活丰富的标志,相反,不过是农村妇女获得一定闲暇而又面临诸多选择限制时的一种无奈的低端娱乐消费,它是与农村留守者经济、文化及政治地位的弱势联系在一起的。

在男工女耕的社会环境中代表着一种对传统的越界,承载着对新生活方式的尝试,也伴随着一种新的社会关系组合,即社会交往由家庭成员和亲属之间的血缘关系转变为共同爱好的牌友和舞友。无论是牌友抑或舞友,都体现出村民在选择交往对象上的"唯兴趣论",正如在韦伯神话中的真正英雄,不是加尔文(John Calvin),不是巴克斯特(R. Baxter),不是富兰克林(Benjamin Franklin),而恰恰是这种"选择性的亲和性",即在合理化世界与某些激情之间存在这牢不可破的联系。完美,正直生活,努力工作控制本能与情感等,这些都是激情的目标。❷ 打牌和跳舞的功能不仅仅是引起精神上的激动愉快,也成为留守者控制本能与情感,最终努力工作的另类方式。正是牌友和舞友这种选择上的亲和性,才让男工女耕的生产方式得以和谐的延续,而潭村呈现出的平静与懒散就是一个合理化的世界。

---

❶ 卓惠萍、鲁彦平:"农村麻将主体女性化:事实、假象及是非的讨论",载《妇女研究论丛》2010年第2期。

❷ [英]齐格蒙·鲍曼:《立法者与阐释者》,洪涛译,上海人民出版社2000年版,第200页。

悄无声息的"革命"？ ——转基因作物与一个华中乡村的社会变迁

四、围着"猪"转圈

从第二章潭村的历史中我们了解到当地传统的家畜是猪，在潭村猪一直是一种极其可贵的动物，村民与它有着密切的关系。农业生产稳定以后，人们有了余粮，才能发展家畜饲养，于是有稳定的肉类可以佐膳。[1] 然而，在当下的潭村养猪不仅是为了吃肉，杀猪不仅是为了请客，请客也不是单纯的聚会，杀猪请客成为一种彰显人脉、身份与地位的手段。

大柱每年从五一过后开始杀猪卖肉，平均每天杀一头猪。如果有村民家里办红白喜事，大柱就要杀两头猪，一头自己卖，另一头供给"过红白事"的主人家用于置办桌席。他每天凌晨三点起床，然后烧水杀猪，大约五点之前可以把一头猪完全收拾干净，五点半正式开门做生意。一般到上午九点可以卖完，卖不完的猪肉大柱会用三轮车拖出去送到超市冷冻。十点半左右吃早饭，下午五点吃晚饭，一天只吃两顿饭，大柱这样的生活规律，一直持续到每年的十月之后，也就是说大柱的猪肉生意基本上是每年工作半年，休息半年。

十月份之后，村民陆续开始杀自己家里养的猪，杀猪后就不用去肉摊买肉了。这段时期大柱就纷纷被邀请到村民家里去杀猪，杀一头猪收取50元的人工费，有时候还包吃一顿饭。在潭村，家家户户都是要杀猪的，因此大柱也不愁没有生意做。当然大柱的生意并不是一开始就如此兴旺，只是在男工女耕时期才红火起来，这在第二章也有提及。在男耕女织时代，村民多在年前杀猪，名曰"过年猪"，杀猪后会将猪肉腌制以备年后能食用更长的时间；在男耕女耕时期，村民都很忙碌，亲朋好友尽管有交往的想法，但是很少有空

---

[1] 邢义田、黄宽重、邓小南总主编，邢义田、林丽月主编：《社会变迁》，中国大百科全书出版社2005年版，第21页。

第五章 "革命性"的变迁之二

余的时间，于是杀猪也是为了过年招待客人，平时并不请客。随着转基因作物在潭村的种植，村民有了更多的农闲时间，不仅交往的时间充裕，而且交往的圈子也逐渐扩大；尤其是年底打工者回来后，会给家人讲述自己的经历，也会串门聊聊外面的新鲜事，村子里格外热闹。打工者带回的异质性的现代文化刺激着留守者的神经，大家都欣喜于交流外面的"好玩事"，一遍又一遍，讲述者与倾听者都表现出意犹未尽的兴奋，感觉每天都像过年。村民自然有了愉悦的心情，为了表达心情，就想将打工回来的亲朋好友邀请过来相聚，请客遂成为村民杀猪的绝妙搭档。大柱的生意也随之风生水起。

11月的一天上午，大柱接到生意，下午去英子家杀猪，我有幸被邀请前去观看。至于杀猪的血腥场面我虽亲历，由于不是本研究的重点，故不做描述，但我确信一点就是大柱如庖丁解牛，非常娴熟地收拾了英子家的猪，这头猪净重两百多斤，可谓膘肥体壮。大柱忙完之后离开，接下来就该英子上场了。英子请来她弟媳和嫂子帮她做猪肉香肠，并将少部分猪肉分割悬挂。晚上要请客，英子请了当地的"局长"❶和她公婆在厨房准备晚饭，英子她们几个边忙活边聊天。

她弟媳问："晚上有几桌哦？"

英子："两桌看能不能坐下啥，坐不下的我们自己屋里的就先不上桌子。"

嫂子："那是不少哈，你们搞（请客）几天？"

英子："看三天能不能搞完，今天主要是请自家屋里，明天请姑舅姨，有几个表兄妹打工回来要聚哈子，后天请村里的人好和村干部之类的一起，哎忙不过来啊，你们继续来帮忙咧！"

弟媳："哪个要你当官咧，吃别个地要还咋！"

嫂子："就你们当官地麻烦，我们两天就搞完哒！"

---

❶ "局长"指当地专门为红白喜事主厨做菜的人，如今也为村民杀猪请客做菜，尤其是客人多的农户家庭，是一定要请"局长"主厨的。

157

悄无声息的"革命"？——转基因作物与一个华中乡村的社会变迁

英子："你说看看，以前我们杀猪没请客还不是过得好好的，现在就不行哒，杀猪要是不请客就耍不开！"

弟媳："以前都光顾着忙哪有时间来往哒，现在消停很多，再说别个请客自己不请客感觉脸上没有光。"

英子："就是这个话，再说杀猪请客，村里的人都可以在一起玩玩，大家可以相互走动，感觉也和气。

……

晚上七点左右，英子屋里的客人渐渐到来。今晚请的都是自己房族的兄弟和家人，他们都住在英子家附近，多是一家人步行而来，一进门就喊"送恭贺"，表情轻松，个个都是兴高采烈。因为大家都很随便，所以英子也没有专门给客人倒茶发烟，男人们一过来就开始自己张罗打麻将，女人们一进门就直奔英子家的厨房，有的帮忙端菜，有的发碗，有的抹桌子。很快就上桌开饭，满满的一桌子菜，❶ 数数有十多盘外加两个火锅，鸡鸭鱼肉俱全。英子吆喝打牌的男人散场来喝酒，小孩子们一窝蜂地先上来，捡自己喜欢的菜吃吃就到一边玩，男人们开始喝酒，边喝酒边聊天，讨论的话题多是今年生猪的价格，明年猪仔的行情、什么棉花种子产量高……女人们边吃菜边聊一些家长里短，如张三打工回来带得女朋友蛮漂亮、李四又买新摩托车了……有时候男人和女人也一起开些无伤大雅的玩笑，如某男人年轻时追老婆的丑事，某女人年轻时相亲的样子很傻……一顿饭吃完也到晚上九点多了，男人们继续打麻将，边打麻将边抽烟，不抽烟的就喝茶，女人们则将残羹剩饭都一起收拾到厨房，等一切收拾妥当，女人们也组了一桌开始打麻将。打麻将的两桌人都是兴致勃勃，每打完一局就七嘴八舌地总结上一局的得失，讨论哪个字出错了，遗憾没能和牌……有时候也不免相互斗嘴，拍桌子打板凳，然后再开始新的一局，场面真是热闹非凡！

---

❶ 见图5-3。

第五章 "革命性"的变迁之二

图5-3 英子家杀猪请客所准备的菜肴

第二天来的客人是英子眼里比较重要的客人，基本上是从外面打工回来的亲戚，他们衣服穿得都很时髦和花哨，看着很抢眼，感觉他们在外面混得还不错。他们平时在外打工都很少见面，现在有时间聚则特别期待。不像昨晚的客人多是临近吃晚饭的时候才来，他们早早地就带上孩子一起来英子家，大人聊天打牌，小孩自己到外面玩。与昨天不同的是，他们打牌比较安静，也会讨论每局的得失但点到为止，看起来一派祥和。吃饭的时候他们谈论的话题多是外面挣钱蛮辛苦、城里的房子涨价了⋯⋯吃完饭就没有打牌了，大家坐在一起边吃水果边聊天。为了招待他们，英子专门去超市买了一些新鲜水果和零食，以供他们吃饭后享用，忙完一阵子，英子专门过来和大家一起聊天，关心地问他们家里老人和孩子的情况，以后有什么打算等。大约十点，看到英子呵欠连天，大家才恋恋不舍地道别，并说好过几天自己家里杀猪了再聚。

第三天来的都是英子眼里的"贵宾"，包括村干部、开商店的、搞副业的等有钱有地位的人。贵宾们穿戴整齐讲究，大多都是骑着摩托车，也有开面包车的，骑三轮车过来的，好多贵宾都是约好一

159

悄无声息的"革命"？ ——转基因作物与一个华中乡村的社会变迁

起到达。来英子家的时间比较一致，多为开饭前的半小时，也有来得稍晚些的，英子就会打电话催促，但在开饭之前都能来齐。贵宾过来后有专人负责倒茶、发烟、搬椅子。英子的老公负责和贵宾们寒暄，他们吃饭之前都不打牌，相互熟悉的就在一起聊天，不熟悉的也会打招呼，多谈论村子里的大小事情、国家大事等。等所有的菜肴都上齐后，英子和老公招呼大家上桌开饭，等所有人员坐好后才开始喝酒。贵宾们在饭桌上都很客套，边喝酒边讨论过去的历史如三皇五帝、天文地理等，总体感觉没有前几天那样放松和肆无忌惮。贵宾们吃完饭是要打牌的，英子老公负责组场子即安排哪些人一桌打牌，组牌场的规矩也有讲究，夫妻两个不能同坐一张牌桌，关系不太好的不能坐一起，经济地位差不多的人坐一起。晚上共有三桌人打麻将、一桌人打花牌，这四桌牌场分别在四个房间里，打牌的人进去之后就将房门关起来，据说这样比较安静，方能集中精力打牌，英子则亲自在一旁做服务性的工作，如发烟、倒茶。一般打到午夜一点左右牌场散去，英子将所有客人送到门外之后才休息。

英子家杀猪请客算是告一段落，接下来英子就要开始被邀请了，只要是英子这次请过的客人，在其杀猪后都应邀请英子过去做客，这成为潭村杀猪请客不成文的规矩。如果自己被邀请了但不再邀请别人，就相当于破坏了规矩，会被村民指责为小气或者不会做人，以后就不会有人主动邀请他了。尽管此规矩不成文，但因其"杀伤力颇大"，村民一般都不会打破这个规矩。没有"猪"，请客的活动就没有意义，如果某人不杀猪或者杀猪不请客，他在村子里势必会被孤立，在这种情形下，即使自己没养猪的村民，也会去买头猪来"还席"。就英子目前请客的规模来看，她此后几乎要因为"猪"而围着村子转一圈，也只有杀猪之后才有如此盛况。

从英子家这三天请客的排场来看，是一天比一天隆重，尽管每天请客桌上的菜肴相差无几，但不同的客人抽的烟是有差别的。第一天请客发的是5元一包的香烟，第二天发的是10元一包的香烟，第三天给贵宾们发的是 15 元一包的香烟，客人的重要性与等级就这样划分。当然，这种划分与血缘和亲疏关系无关，而是与客人自身在村子里的社会地位有关，村干部和有钱的商贩属于第一等级，打工回来或者在外面工作挣钱多的属于第二等级，每天都在村子里的留守人员属于第三等级。杀猪请客的排场越大，客人越多，菜肴越丰盛，表明主人家的地位越高，人脉越广，相反则地位越低下。英子是村里的妇联主任，所以她家算是村子里杀猪后请客最多的一类人之一，总共有八桌左右，其中自己房族的两桌，亲戚两桌，牌友舞友两桌，村干部同事两桌，这是请客场面比较大的家庭。当然也有杀猪后请客少的农户，如黄花一家，她老公常年在外打工，她平常和别人交往很谨慎，自己也没有什么爱好，所以朋友不多，杀猪后仅请两桌客人，即为房族及自家兄弟，她家算是潭村请客最少的农户之一。当然，杀猪请客也不仅是为了交往，有时候也是村干部借此拉拢人心的一种手段，如每到村干部换届选举的时候，对于那些极有可能当选的村民，都会预先准备好猪，一旦自己当选，就要杀猪请客来庆贺，这个时候的场面最隆重，一般有十几桌，只要在家里且和村干部没有过节的村民都会来恭贺。

在潭村，这种司空见惯的日常生活中的"猪"，其流动和意义是值得关注的。正如格尔茨分析斗鸡，将其作为巴厘人看待社会现实的一种标志，而潭村杀猪的背后，让我们看到了另一种现实，即村民划分社会地位和阶层、强调高低等级之间的差别，通过请客的形式得到了表达。同时，杀猪请客提供给潭村人一种符号化和传达文化价值观的方式，杀猪后请了谁就是看得起谁，谁邀请自己就是和自己关系好的人，反之亦然。只要杀了猪就像过年，因为每个人每天都有饭局，有时候一个人一个晚上还要赶好几场，杀猪后被人请的次数越多，就表明自己越受欢迎，只要是杀了猪就必须要请客，村民围着"猪"流动和转动。在这种情形下，杀猪就不仅是为了吃肉，"猪"成为一种交往的符号和载体，"猪"也成了一种地位的象

悄无声息的"革命"？ ——转基因作物与一个华中乡村的社会变迁

征，杀猪请的人越多，表明自己在村庄中的政治和经济地位越高。如此一来，在潭村围绕"猪"形成了一个村民交流的场域，以前没有来往的"陌生人"，也可能因为某家杀猪请客而相熟，大家在一起谈天说地，打工者与留守者都因为这个场域变得自然，交往圈子也更大，人们因此建立起相互之间的亲疏关系，也建构彼此之间的地位差异。

杀猪请客是潭村在男工女耕时代才出现的现象，让我们看到打工者虽然给村民带来了异质性的文化，但并没有去熟人社会化，相反原本不熟悉的人也渐渐熟络起来，只是熟人社会的意义和内涵有所变化，由基于血缘关系的"差序格局"转变为基于经济地位的"关系差序格局"，即熟人社会的意义与血缘无关，与地位差异和社会关系有关，而这里的每个人都逃不过这张由差异和关系编织的网，而村民之间的关系在这张网中达到另一种整合。村民社会关系的变化，既是经济发展的一种必然结果，又对转基因作物及新的打工经济秩序的出现提供了可能。

悄无声息的『革命』?
——转基因作物与一个华中乡村的社会变迁

第六章 『革命』的可能后果

悄无声息的"革命"？ ——转基因作物与一个华中乡村的社会变迁

当我来做结论的时候，可能有人会质疑：如今潭村村民的生产和生活与其他地区的村庄有何不同？我们看到的很多村庄不都是如此吗？这也是本研究要回答的问题。偶然在杂志上看到秘鲁有一个苏鲁阿哈族的土族部落，常年生活在深山里，以麻醉物捕鱼为生，并常有神秘的自杀行为发生，在一批探险家和科学家"破解"族人自杀的谜团之后，秘鲁政府决定将他们迁出那片山区，以拯救这个"多灾多难"的民族。❶ 这种做法看似合情合理，但让一个习惯深山捕鱼的部落脱离原来的生产与生活方式，只怕对这个民族来说将是另一场灾难，而土著文化的独特性将以"挽救"的名义面临危机。因为在如今的社会，真正的"他者"已经越来越少，或者正在消失，这也是当今人类学研究正在面临的伦理问题。同样，随着全球化的进一步蔓延，以及转基因作物在农村的大面积推广，不同部落和族群在农业上的文化多样性将受到挑战，未来可能看到的景象就是"走过一村又一村，村村一个样"，而潭村仅仅只是这种趋势的先导。

回到本书关于转基因作物与农村社会变迁的主题，在上述各章分析的基础之上，我将得出以下结论：第一，转基因作物的种植与潭村生产方式的变迁有一定的相关关系，与村民的日常生活形成一种派生性的依赖关系，相互促进彼此需要；第二，转基因作物所具备的特性成为一种具有象征意义的符号体系，代表着某种新的、有价值的生产实践，并为村民所普遍接受和信任。这种信任的基础是"知识—权力—效用"共同作用的结果，这种结果有助于我们对农业技术发展下的乡村社会变迁获得新的全面性理解；第三，种植转基因作物"定居"成功之后，随之而来的是一种新型乡村文化的形成，这种文化可以视为全球化影响下的结果。这看似一种普遍存在的社会现象和常识，但没有获得知识性的阐释，我将尝试性地提出"文

---

❶ "秘鲁政府破解苏鲁阿哈族人自杀之谜"，载《知音（海外版）》2011年12月总第185期。

第六章 "革命"的可能后果

化转基因化"的概念来解释这种文化变迁现象,即在农村推广转基因作物的过程也是一个文化转基因化的过程。在接下来的叙事中,我将对本书的研究结论做具体阐释,并在此基础上对乡村社会未来可能发生的变化做讨论。

一、转基因作物与农民生活

转基因作物与乡村社会变迁关系的论证,正如韦伯(Max Weber)在新教伦理与资本主义精神中推导问题的内在逻辑。韦伯从新教伦理的预定论推演出了天职观,接着又从天职观孕育出了入世禁欲主义,到此,他完成了对新教伦理及其基本特征的说明。[1] 韦伯虽然没有明确论证新教伦理与资本主义精神之间的逻辑联系,但他通过指出这两者间起码存在着的那种"亲和关系"巧妙地完成了新教伦理与资本主义精神的对接。同样,村民的生产方式通过种植结构的变化影响物质文化发展的方式和方向,只有当这一点被合理准确地确定下来时,才有可能去评估潭村村民的生活变迁在何种程度上应归因于转基因作物的种植,在何种程度上应归因于其他因素。幸运的是,在潭村的田野调查中,种植转基因作物与潭村农民日常生活变迁的亲和关系得到印证,尽管二者的关系是由生产方式的变迁派生的。

转基因作物作为一种创新事物的引入,如何影响村民的生产和生活实践?我们可以通过第二章到第五章的论述找到答案,村民日常生活与种植结构变迁相联系的一系列变化,可以通过种植转基因作物前后的生产关系来证实。在潭村种植果树为主的十几年里,田间劳动需要大量劳动力,用于剪枝、施肥、除虫、下果、搬运等,同时种植非转基因作物需要大量的田间劳动时间用于锄草和治虫;

---

[1] 周晓虹:《西方社会学历史与体系》,上海人民出版社 2002 年版,第 388 页。

悄无声息的"革命"？ ——转基因作物与一个华中乡村的社会变迁

在种植和收获期依赖于家庭成员和血亲的共同劳作，除了吃饭时间，从早上五点到下午六点都在田地劳作，外出打工者很少或者打工者农忙季节回来，生产方式表现为男耕女耕；村民的劳动协作表现为亲属家庭之间不计较报酬的帮忙关系，家庭成员间有长期稳定的互动和社会关系，家庭结构稳定；由于田间劳动强度大，很少有人从事副业或休闲，社会交往主要局限在家庭成员和亲属之间，是典型的基于血缘的差序格局型农业村庄。

村民种植转基因作物之后，大大减少了田间劳动时间和劳动量，村民仅早晚下田劳作，休闲时间增加；大量劳动力开始向城市外流，外出打工者增多，因为没有过去的农忙时节，打工者仅每年过年回家，生产方式转变为男工女耕或轻工老耕；村民之间的劳动协作表现为计较报酬的互惠关系，家庭留守人员与打工者之间的互动减少，家庭责任感降低；由于田间劳作时间减少，部分人从事副业如卖菜、开茶馆、麻将馆、超市、养猪等，村民之间的交往不仅仅局限于亲属之间，交往圈子扩大为有共同爱好的牌友和舞友，休闲文化与打工文化共同推动着村民日常生活的商品化；由血缘亲属组成的自然关系不断减弱，逐渐转变为以共同爱好和同等社会地位为主的社会关系，现今的潭村是典型的基于地位差异的关系差序格局型半工半农社会。

要维持男工女耕的生产方式和休闲式的日常生活，需要少量的人能种植更多的田地，转基因作物因省力省事而成为首选；种植转基因作物也需要人少地多的客观条件，从而保证较高的收益，本研究要建构的就是这种相辅相成的关系。转基因作物的引入变相地支持了潭村劳动力的外流，从而与当下村民的生产和生活形成一种互补的修正关系，这种关系推动一种新型的农村生活方式的形成，即围绕种植转基因作物所形成的留守者独特生活方式。当然民工潮产生之初就有留守者，劳动力外流也是伴随改革开放和城市化一起产生的，本书试图说明的是种植转基因作物之后的农村，留守者与打

第六章 "革命"的可能后果

工者之间的关系更成为问题,这在第五章已有论述。随着现代化与城市化步伐的加快,农村劳动力转移已经成为一种常态,转基因作物的种植不仅维持了这种常态,而且改变了农业变迁的逻辑和农村的社会结构。

在传统农业中,增加生产的一个主要途径是提高生产的集约化程度,通常是通过增加单位面积耕地上劳动与资本的投入数量,男耕女织和男耕女耕时期的农业就是如此。农业生产的集约化并不等同于"内卷化",集约化能够导致生产力的提高;而内卷化虽然能导致耕地生产力的提高,却只能是以降低劳动生产率为代价。[1] 在近代早期的中国农村,虽然农药、化肥等农业生产要素有重要的技术进步,但是与更多劳动力投入所带来的增长相比,却没有出现技术上的突破,人地比例变得越来越不理想。在此情况下,长江流域的农业似乎不可避免地要滑入停滞甚至衰落的境况。从理论上说,人口压力是能够由技术的改进而减轻的,虽然它有可能在同一地方反复出现。20世纪50年代中期以后,江南的传统农业被彻底改组,成为集体化农业。尽管在农业集体化的30多年中,近现代技术如优良作物品种、小型农业机械、化肥和农药的运用得到推广,使农业总产量增加,但是劳动生产率却没有多少变化,甚至下降了,[2] 也就是出现了所谓的农业内卷化现象,处于长江流域的潭村也受其影响。在农业中,至少有四种提高劳动生产率的途径:增加耕地数量,而劳动力数量不增;减少劳动力数量,而耕地数量不减;劳动力数量和耕地数量均不变,但农作更为精细;劳动力数量和耕地数量均不变,但采用复种制。[3] 人口增加不一定表示农业劳动力过剩,因为农业中劳动力的供求状况不只是由供给,而且也是由需求来决定的。农业

---

[1] Boserup, Easter, *Population and Technology*. Oxford: Basil Blackwell. 1981: 116.

[2] 李伯重:《江南农业的发展 1620—1850》,王湘云译,上海古籍出版社 2007 年版,第 10 页。

[3] Bray, 1986: *The Rice Economic: Technology and Development in Asia Societies*. Oxford: Basil Blackwell. 1986: 2-3.

悄无声息的"革命"？ ——转基因作物与一个华中乡村的社会变迁

劳动力的供求平衡不仅取决于农作，而且也取决于从事副业的劳动是否有机会进入或者移出农业部门，❶ 转基因作物的出现刚好为田间劳动力的转移提供了契机。在潭村耕地数量长期保持不变的情况下，种植转基因作物大大减少了劳动力数量，从而提高了农业生产率。从微观上来看，种植转基因作物后的潭村将由农业内卷化转变为反内卷化，也就是说，转基因作物是解决农业内卷化的必然产物。然而看问题的视角不应过于简单，我们还应当注意到，无论劳动力如何转移，我国农村总耕地面积是基本不变的或者正在减少，如城市化过程中征用耕地的现象，从宏观上来看，我国农业的内卷化现象不会改变。而伴随转基因作物所导致的农业社会变迁的逻辑就是从宏观上的农业内卷化—微观的反内卷化—宏观的内卷化，这样一个过程也完成了从宏观到微观再到宏观的转变。

在传统的男耕女织时代，潭村显示出极少的结构分化与功能专门化。在种植果树的男耕女耕时期，由于剪枝、治虫等需要专门的农业技术，虽然村民都在种植，但种田能手和会抓机遇的农户很快成为潭村早期的万元户，如平四、龙庆等最早种植沙梨的人；而不懂技术盲目跟风的村民，则是吃的苦多赚的钱少被形容为"遭罪"，如大满夫妇，由于不懂技术，种的梨子总是没有别人的产量高，交了税以后田间收入所剩无几，他后来干脆把田地免费给龙庆种植，当然龙庆负责交地税，然后自己出去打工，那时的潭村，小农分化❷比较明显。随着农业技术的发展与成熟，村民的劳动生产率大大提高。转基因作物的种植，使一部分人为全部农业人口提供粮食成为可能，也意味着有更多的人可以从农业生产中解脱出来，转入副业

---

❶ 李伯重：《江南农业的发展 1620—1850》，王湘云译，上海古籍出版社 2007 年版，第 11 页。

❷ 所谓小农分化，系指小农由于生产条件、家庭劳力、技术经验和机遇有无的不同，在市场竞争中处于不平等的地位，因而必然导致贫富两极分化，有的破产沦为贫雇农，有的发家成为富裕农民甚至地主。参见苑书义、董丛林：《近代中国小农经济的变迁》，江苏人民出版社 2001 年版，第 478 页。

第六章 "革命"的可能后果

或打工者的行列中去，发展中的农业技术也使经济秩序产生了深刻变化。在传统的农业社会，物质的生产、交换和消费是在亲缘的基础上发生的，经济秩序与亲属制度实际上融为一体，这种经济秩序在一个劳动较少分工，职业未有分化的小型农业社会可以有效运转。然而，农业发展所导致的劳动生产率的增长，使更多劳动力转移到城市，出现更大的职业分化时，就需要新的经济秩序将彼此连接起来，村民于是按职业划分，如小商贩、打工者、留守者等在结构上开始分化并在功能上专门化了，这时所形成的就是以经济关系作为社会关系基础的社会。正如我们在潭村看到的村民之间地位的差异，这种状况推动了社会发展。但发展的同时并未导致潭村进一步的小农两极分化，我们看到的是富人更富，穷人并未更穷，这在第四章第二节有提到。

二、推动农村社会变迁的新机制

在福柯（Michel Foucault）的理解中，知识与真理之间是存在差异的，"对我来说，'知识'（savoir）应该起到保护个人存在的作用，并且应该让我理解外部的世界。我是这样想的。'知识'是对事物的理解，生存下去的手段。"❶ 在这段话中，福柯所说的"知识"显然是那种帮助人们认知的、既带有普遍性又有着特殊性的东西，而非权力实践的工具。在这个意义上，不同的群体就拥有不同知识的可能，如专家具备的可能是专业知识，村民也可能拥有地方性知识。虽然中文里一直以来都把福柯的"truth/power"翻译为"知识/权力"，但是根据福柯的语境，"知识"包含两层含义：一种是日常生活中用于交往的手段，甚至是个体理解外部世界的特殊工具，在这种情况下，"知识"可能并不需要具有普遍性，它对应的是

---

❶ ［日］樱井哲夫：《福柯：知识与权力》，姜忠莲译，河北教育出版社2001年版，第32页。

悄无声息的"革命"？ ——转基因作物与一个华中乡村的社会变迁

knowledge；另一种则是界定何为真实的真理性断言，它声称具有普遍性和绝对的真实性，对应的是 truth。❶ 将此联系到对转基因作物的认知上，对于"何为转基因作物"专家无疑拥有绝对话语权进而了解其真相，也就是 Truth，即中文里的真理、真相，这个词是福柯所使用的，是理解福柯知识—权力关系的基础，也是本研究所探讨的知识。福柯的权力是一种微观的生产性的实践，而不是压制性的外在控制，他认为"谁在行使权力"并不重要，而关键是"权力是如何运作的"。福柯在知识与权力的分析中，认为二者总是不可避免地和难以解开地联系在一起。因此，任何权力的延伸都会涉及知识的增长，任何知识的发展都涉及权力的增加，这为知识与权力的结盟奠定了理论基础。❷ 但权力真正按知识配置，是随着知识尤其是科学知识的不断增长和日益重要而实现的，"知识是 21 世纪经济增长的关键因素"这一宣称，使知识成为争夺权力的砝码，权力以知识为基础，谁拥有知识谁就拥有权力。❸ 在转基因作物的推广机制中，政府和专家作为推广的上线，在实践运作中成为少量具备权力和专业知识的人，加强了彼此的合作，在这种状况下，在任何一个场域，相互之间都具有互相控制的权力，从而使这种互相控制的行为成为合法的，即人类学家所谓的"没有分化的相互性"❹。这种相互性在转基因作物的推广实践中曾表现得淋漓尽致，下面的例子证实了这一点。2010 年 12 月，农业部发布了第 1504 号公告，清退了 27 个玉米品种，其中至少有四个品种被知情人士指出系转基因品种。据记者透露，因为查处的违规玉米涉及农业大学的院士、某种业公司的

---

❶ 司开玲："知识与权力：农民环境抗争的人类学研究"，南京大学 2011 年博士学位论文。

❷ 吕振合、王德胜："知识与权力：从福柯的观点看学科场域中的权力运作"，载《自然辩证法研究》，2007 年第 9 期。

❸ 邱本："论知识权力"，载《吉林大学社会科学学报》，1999 年第 11 期。

❶ ［英］齐格蒙·鲍曼：《立法者与阐释者》，洪涛译，上海人民出版社 2000 年版，第 62 页。

第六章 "革命"的可能后果

老板，农业部官员也就大事化小，小事化无，没有明说这是转基因品种。"农业部的官员、农业大学的院士、某种业的老板，结成了一条稳固的保护链和利益链。"❶ 从而，在转基因作物的问题上一些违规行为都被"内部消化"。

转基因作物是现代化知识的产物，也是一种技术创新，在这个知识爆炸的网络时代，各种创新不断地改变和充斥着我们的日常生活，乡村社会概莫能外。产生于现代早期的各式各样的创新，虽然从表面上看，各自所处的领域相去甚远，从功能上看，彼此之间也没有什么关系，但如果它们同时产生，或许就在提醒我们，有些创新远不只是针对某个具体问题的偶然发明。不仅仅是解决某些具体的"社会问题"，而是要在迅速变迁的社会条件中，在根本上重组社会权力，重新安排社会控制机制，这才是要害所在。❷ 上述说法尽管有点危言耸听，但也提醒我们去反思这种现代性。斯科特拉什（S. Lash）把反思性现代化作为知识的现代化，包括的问题有知识的分配、流通、消费及其内容与形式的提高，也包括引发的冲突。在他眼中，反思现代化是一种知识的现代化，通过这种现代化，社会行动与知识的基础变得可疑，可改编和可调整。正如在转基因作物的推广中，上线有意或无意的规避，从而传达给村民的关于转基因作物的知识也是经过某种调整的。因此，在转基因领域产生了社会不平等的新形式，以科学知识和信息为基础的社会正在制造这种信息和知识分配的不平等，围绕着这种认知结构形成了两大知识阵营即"掌握知识群体与无知的群体"❸。在这个生活世界的知识概念的参考框架中，无知主要被看作为尚未了解的知识或可能永远都不会知道的知识，即潜在的知识。无知的问题从其对立面——知识——

---

❶ "中国转基因安全摸底——被雪藏的转基因秘密"，载南方周末，http：//www.sina.com.cn，2011 年 5 月 13 日。

❷ ［英］齐格蒙·鲍曼：《立法者与阐释者》，洪涛译，上海人民出版社 2000 年版，第 60 页。

❸ Lash, S. and Urry, J. *Economy of Time and Space*. London: Sage, 1994: 151.

悄无声息的"革命"？ ——转基因作物与一个华中乡村的社会变迁

真正的确定性中得到理解。❶ 正如吉登斯（Giddens）和拉什（S. Lash）所强调的，认识的无能在反思现代化中获得了重要性。这不是对选择性的观点、瞬间的疏忽或发展中的专业知识的表达，而恰恰是高度发达的专家理性的产物。但在转基因作物的推广问题上，专家的理性人为建构了村民的无知。反思现代化的理论曾被理解为"知识/无知"的理论，表示一个社会越现代化，其所制造的无法预测的结果就越多，当这一切为人所知和认可时，他们就会对工业现代化的基础提出质疑；无法预测的结果也是知识的一部分，对种植转基因作物未来无法预测的后果也是一种知识，但这种知识没有有效地传播下去。接下来的问题是：谁了解转基因作物并基于什么基础了解它们？甚至"隐蔽的无法预测的结果"概念根本不意味着没有知识，而是意味着其主张是相互矛盾的一种知识。在种植转基因作物后果的问题上，不同专家团体的主张相互冲突，转基因专家支持其推广后的积极作用，反转基因专家一再强调其后果的危害性，后者或许已经为专家所详述，但是按照分等级的社会可信性，它并未被看作专家知识并因此在法律、商业和政治的关键制度中起决定作用，最后的结果是它未被按照某种可行的方式被认识与重视。

在推广转基因作物的实践结构中，转基因专家与相关政府部门结合成一种权力类型，产生于这一社会结构的新型权力具备改造思想的权力，用福柯的话来说，改造思想的权力特点在于使臣民从一种生活方式转向另一种生活方式；他认为自己是更理想生活方式的认知者和实践者，臣民则没有能力使自身提升到更高的层次上去，❷正如转基因作物的种植也派生性地推动着村民生活方式的变迁。在转基因领域，知识与权力的结合获得最为充分的显现，有学者曾用

---

❶ [德] 乌尔里希·贝克：《世界风险社会》，吴英姿、孙淑敏译，南京大学出版社2004年版，第161页。

❷ [英] 齐格蒙·鲍曼：《立法者与阐释者》，洪涛译．上海人民出版社2000年版，第64页。

第六章 "革命"的可能后果

此来分析消费者对转基因作物和产品的认知，认为在知识—权力的宰制下，普通大众在面对一种具有相当不确定性的陌生事物时不可能达致真正的知情。❶ 但我们不能因为村民对转基因作物的"无知"，就此否认村民日常生产实践的能动性，而这种能动性是基于某种效用的认知，而"知识—权力—效用"三者的结合才给农村社会变迁提供了更大的可能，接下来我将讨论"效用"在转基因作物与农村社会变迁中所起的重要作用。

"效用"类似于转基因作物的新特性或功能，即种植转基因作物后的实践意义。其与人类学意义上的用来指称文化工具性的"功能"有所不同，但可看作对功能论的一种补充。马林诺夫斯基（Bronislaw Malinowski）和布朗（A. R. Radcliffe-Brown）是功能主义的代表人物，但二者在功能的理解上有各自的特点。马林诺夫斯基的功能论关注的是风俗如何满足个体的需要；而布朗的功能论解释的是社会结构如何在时间的推移中保持自身的作用。在布朗的功能论中，社会结构指的是我们可以观察到并加以界定的社会制度的联结或社会架构，而功能指的是某个制度社会整体中的延续性作用。功能解释体系的最大缺陷是它的实用主义倾向，虽然马布二人从未讨论过实用这个概念，但是他们不约而同地过于强调社会—文化形式中的实用性价值，他们的功能论恰恰是这一意识形态的反映。尽管他们的思想曾影响世界社会人类学的发展，但我们注意到，功能主义不仅缺乏对社会中的个体、冲突与过程的考察，而且由于它太过于强调文化的工具性，因此忽视了象征符号体系的独立性与解释性。❷ 而本研究所指的效用正是马布二人理论中所缺失的，即将转基因作物的特性看做具有象征意义的符号体系，从而在文化的意义上来解释效用。

---

❶ 郭于华："天使还是魔鬼——转基因大豆在中国的社会文化考察"，载《社会学研究》2005 年第 1 期。

❷ 王铭铭："功能主义人类学的重新评估"，载《北京大学学报（哲学社会科学版）》1996 年第 2 期。

悄无声息的"革命"？ ——转基因作物与一个华中乡村的社会变迁

  在转基因作物的推广中，作为主要推广者的种子销售人员强调最多的就是转基因作物所具备的特性，而这种特性在未被观察之前就只能是一种可能积极作用的象征，成为一种符号体系，村民接受与否也在于对这种象征意义的信任与否。这种符号体系是通过转基因专家调配技术知识的模式来完成的，而转基因作物的象征意义则是种子推销人员在其符号体系上建构的，由于其推广的实践模式具备合法性，则独立于使用他们的实践者和当事人即村民。种植转基因作物的村民与这些专家之间的相互关系，仅仅代表着社会关系的一种延伸，因为他们共同代表着专家知识的抽象体制的联系，是一种距离性的信任关系。在这种信任关系的基础上，种植转基因作物成为村民基于其效用判断的社会生产实践，即布迪厄（Pierre Bourdieu）所说的人的实际活动，包括一般的日常性活动，包括生产劳动、经济交换、政治文化生活和日常生活活动等。❶我们知道，在前现代社会更具浓厚的地方化的社会中，绝大多数的个人都掌握了许多技能和地方性知识类型，人们的社会实践活动与它们息息相关；然而伴随着抽象体制的扩张，日常生活的实践状态发生了转型，人们不得不依据对某种象征意义的信任来采取行动，正如村民种植转基因作物的行为。村民种植转基因作物的能动性主要体现在其试种的惯习，也就是种植转基因作物并不完全是知识与权力的主宰之下的行为，试种以后所能观察到的结果成为转基因作物一种效用性的体现，只有当这种效用真正实现后才能被村民接受。从这个意义上来看，我们最后谈论的效用也具有了马布二人的实用主义色彩，但从象征符号体系入手可看成对此理论在方法论上的补充。

  如果转基因作物不具备抗虫抗病的效用，则村民不可能在没有认知的情况下接受这一新鲜事物，如果村民不种植转基因作物，则与此相关的一系列变迁也不可能发生。也就是说，在种植转基

---

❶ 宫留记："布迪厄的社会实践理论"，载《理论探讨》2008 年第 6 期。

第六章 "革命"的可能后果

因作物这件事情上,如果没有其"效用"的存在,知识与权力将成为无源之水,只有当我们纳入效用概念,才不会将村民看成无知、被动的客体,才能更全面地理解农村社会变迁,从而"知识—权力—效用"共同成为推动农村社会变迁的新机制。

三、农村文化的"转基因化"

从美国首例转基因植物问世到全球的大面积推广,这种技术创新的扩散已经在世界范围内产生重要影响。有数据显示,转基因作物种植面积排在前五位的国家分别是美国、巴西、阿根廷、加拿大、印度。我国种植面积约 400 万公顷,居世界第 6 位,其中绝大部分是转基因抗虫棉。❶ 转基因作物成为当今中国农业与全球贸易联系的纽带,有研究表明,整个中国粮油产业已被外国垄断资本大举入侵,国外种子公司开始在中国农村全面推广转基因作物,如东北地区的吉林省,仅美国杜邦旗下先锋公司的玉米种子,已占据当地玉米种植面积近 50%,转基因作物将越来越多地出现在村民的生活当中。❷ 正因为转基因作物的种植已经势不可挡,使原本普通的潭村因为种植转基因作物与全球商品市场联系起来,而村民的地方生活就这样与全球生活相联系。

从转基因作物的推广到潭村种植结构的变迁,从种植转基因作物到村民生产方式的变迁,从生产方式影响到村民的日常生活,全球化从根本上使村民赖以生存的地方与他们的文化实践、体验和认同感之间的关系发生了转型。❸ 村民不再只是处于经济的全球化之中,同时也处于一种文化的全球化之中。日常文化实践中最本质的

---

❶ "2012 年全球转基因作物种植面积达到约 1.7 亿公顷",载莱芜新闻网,http://www.laiwunews.cn/health/chanye/2013/0304/10516.html。

❷ "2011 年展望:转基因和粮食安全",载生物谷,2011 年 2 月 17 日。

❸ [英] 约翰·汤姆林森:《全球化与文化》,郭英剑译,南京大学出版社 2002 年版,第 156 页。

175

悄无声息的"革命"？ ——转基因作物与一个华中乡村的社会变迁

东西，恰恰是由地方性而非全球性来定义的。村民种植转基因作物后所形成的生产关系、家庭关系、社会交往相比之间都发生了变化，如果将村民的生活方式定义为地方性的文化，在我看来它指的是所有世俗的实践，它们直接构成了人们持续发展的"生活叙事"即故事，我以此来历时地阐释他们的存在，潭村的每一个人都在他们的日常实践与体验之中进行着常规性的言说。全球化比以往任何时候都促进了更多的有形的社会流动，尽管潭村的流动常常是打工者跨地域的流动，但它对文化影响的关键之处在于地方性本身的转型，如村民越来越"现代化"的业余生活。本结论就试图对全球化形塑下潭村的文化变迁做解释。

人类学对于文化变迁的解释常意指不同群体之间文化的接触所导致的变迁，如文化涵化，[1] 就是如此。文化涵化，是指由两个或两个以上不同文化体系间持续接触、影响而造成的一方或者双方发生大规模文化变异。文化涵化可能出现以下几种情况：一是接受，其中被迫接受的叫做"逆涵化"，主动接受的叫做"顺涵化"；二是适应，即把接受过来的各种文化成分同自己传统文化体系的部分或全部协调起来的过程；三是抗拒，即在涵化过程中，由于政治上处于支配地位的文化压力太大，变迁发生过猛，致使许多人不易接受，从而导致排斥、拒绝、抵制或反抗现象。简单地说，文化涵化是发生在异文化之间横向的传播过程。

尽管种植转基因作物所派生的文化变迁，是与文化涵化完全不同的社会现象，但我们不能忽视这种全球化技术所具备的巨大转型潜力，因为它已经在戏剧性地改变村民的日常生活实践，而且在未来可能影响整个中国农村的文化实践。约翰·汤姆林森（John Tomlison）认为，文化实践本身，就预示着在各种情形之中意义和认

---

[1] ［美］卢克·拉斯特：《人类学的邀请》，王媛、徐默译，北京大学出版社2008年版，第74页。

第六章 "革命"的可能后果

同感的积极的挪用能力。[1] 转基因作物进潭村就是推广者与村民之间挪用能力的体现,推广者认同的是转基因作物高额的利润,村民所认同的是转基因作物所具备的特性。二者对事物和问题的看法存在一种无意识的嫁接和规避,即关注对自己有利的事物的一方面,而不关心是什么或者对自己有什么不好,二者为了实现各自的"目标",同时将注意力移植到转基因作物的效用之上。当"效用"被归入"目标",而"目标"又成为需求的满足之时,情况尤其如此。霍布斯笔下的身体需求曾阐释过这一类似的现象,用霍布斯的话来说,人们会趋近于那些令他们感到快乐的事物,也会避开那些会给他们带来痛苦的事物。除了普遍的动力以外,快乐和痛苦还成为认知的一般法则。而时间久了会成为一种惯习,最后成为无意识的,如村民对出轨的一致性处理方式。

在潭村,村民的思维方式也和惯习有关,如熟人之间往往称呼小名,不关注大名,因为村民的"小名"往往是按照村民身上所体现的某种特征或者长辈的某种期望而产生的,这种东西易于直接感知和记忆,如"黑皮"是因为皮肤黑,"祸害"是因为他小时候很调皮,"黑女"指不希望出生的多余的女儿等,在潭村想找人如果直接询问某人的小名,村民会马上作出反应,但问大名村民可能要思考好久才能说出是谁;将此推及转基因作物的认知也是如此,村民对其易于观察的特性较为清楚,而对于转基因的本质则毫无认知。转基因作物进潭村后村民表现出的无认知的接受,无意识的欢迎,一方面在于种植转基因作物与村民的派生性关系有关,这种派生性导致了转基因作物被认知的隐蔽性;另一方面也与村民习惯性地嫁接和规避有害事物,从而让事实变得使自己能接受,这与习惯后的无意识思维方式有关。其实这并不是潭村特有的,而是一种普遍存

---

[1] [英]约翰·汤姆林森:《全球化与文化》,郭英剑译,南京大学出版社2002年版,第88页。

177

悄无声息的"革命"？ ——转基因作物与一个华中乡村的社会变迁

在的社会现象，正如转基因作物的目标就是将农作物植入有利的基因，形成新品种来规避其有害的特质。显然潭村的文化变迁现象无法用文化涵化来解释，也区别于一种新的文化形式，如流行音乐、网络、服装等传播所导致的文化变迁。本研究所探讨的文化变迁必须是由客观事物传播后所派生的，正如转基因作物在潭村所派生的生产和生活方式的变迁，我将提出"文化转基因化"的概念来解释此种文化变迁现象。

人类学家雷内托·罗萨尔多（Renato Rosaldo）曾提出文化杂交性来指涉不同地域场所的各种文化现象，他认为杂交性的概念具有两个明显的倾向：一方面，杂交性可以喻示一个空间，它位于纯洁的两个地带的两可之间，在某种意义上，沿袭了生物学上能够区分两种毫无联系的物种惯例，还使用了由于两种毫无联系的物种的结合所导致的杂交的伪物种。同样，比如人类学意义上的信仰调和论的概念强调，民间的天主教处于一种天主教的纯洁性和本地区的天主教之间相杂交的位置。另一方面，杂交性可以被理解为所有人类文化在前进中的状况，它不包含任何纯洁的地带，因为它们经历着持续不断的、跨文化的进程，是文化之间借用和给予的双向结果。这种观点不是要把杂交性与纯洁性对立起来，而是语杂交性是贯穿始终的。[1] 罗萨尔多的概念喻示全球化发展所带来的文化混合，有文化交流的含义。而本研究要表达是全球化过程中的一种"文化植入"，更多的是一种"无交流的植入后的文化状态"，我所说的文化转基因化是全球化形塑下地方文化变迁的一种隐喻，是指通过全球性技术植入对地方性文化进行重组、修饰，以一种派生性的姿态改变地方文化的组成部分或表达方式的文化变迁过程。由于转基因技术常常打破不同物种之间的天然杂交屏障，从而获得新的性状，正如全球化文化的传播常常打破地域的界限，实现不同国家和族群之

---

[1] Rosaldo, R. Foreword to Garcia Canclini, *Hybrid Cultures*, 1995：11-1511.

第六章 "革命"的可能后果

间的文化交流,加快地方文化变迁的进程。其中以农村社会变迁发展最快,而种植转基因作物后的潭村,其农民生产和生活亦变得和其他国家的农民愈来愈相似。但文化转基因化的结果并不等同于文化同质化,因为现在的潭村,并没有出现意义体系和表述体系的全部同质化,也没有任何迹象表明它们在不久的将来会出现。

文化转基因化的概念是描述文化非地方化进程的一个实质方面的有益方法。随着全球化步伐的加快,文化植入所派生的社会变迁现象无疑会逐渐增多,显然需要某些术语来把握它。另外,文化转基因化的概念有助于我们把握在全球空间中可能出现的某种与生活方式完全无关的事物,这些事物可能与文化实践和文化形式存在派生关系,当它们通过跨国的政治文化经济通道,以隐蔽的、毫不费力的姿态跨越了国家边界时,很可能为未来全球化的大众文化可能会变成什么样子提供一个大致的推断,从而拓宽我们对文化起源和归属感的敏锐的识别力。把文化转基因化作为非地方化的辅助概念,就等于给了我们一个概念空间,使我们可以在全球化与地方化辩证对立范畴中去思索这个倾向并得出结论。

全球化影响下的文化变迁是复杂多样的,人类学也面临越来越多的课题。人类学家对变迁研究得越多,对人们解决他们的生存问题的不同方式了解得越多,他们就越意识到文化的一个巨大的悖论。[1] 文化的基本任务是解决问题,但新的问题又不可避免地产生出来要求得到解决。如果假设"全球化对农村文化的改造"成立,文化转基因化将不再是一种隐喻,而是一种现实。曾经的农业史让我们看到游猎、游牧和定居等不同族群和文化在农业上的传统多样性,而今面临更多的是全球化市场经济干预下的农业变迁及适应问题。因此,我们已经注意到无论是诠释性的理论研究,还是参与性的社会实践,均离不开对上述生态文化诸类别的基础性考察。我国境内

---

[1] [美]威廉·A.哈维兰:《文化人类学》,瞿铁鹏、张钰译,上海社会科学院出版社2006年版,第453页。

悄无声息的"革命"？ ——转基因作物与一个华中乡村的社会变迁

在半个多世纪的定居性干预政策下，诸多流动居住族群被迫放弃他们传统的生计方式。苏鲁阿哈族的命运不是唯一，被动性"生计—文化"变迁导致了文化断裂，以开发"新的"生活为代价的族群被迫克服心理压力。此类情况类同于强制性移民的遭遇，即在短期内快速改变生计方式或背井离乡，这样常见的情况如当今的鄂温克人，传统驯鹿游牧生产生活方式的剧变导致物质生活与精神生活的"断裂"而无所适从。不移动祖居地族群因此而导致生理心理疾病丛生，而移动祖居地者则更增添了根缘失落的祖先认同问题，成为"文化生存"的巨大代价。这种快速文化变迁——包含最富于伤害的文化替代过程，等而次之的强制移民以及原地变动状态，上述过程都因"族群—文化"主体性失落而使 GDP 数据背后的生存质量大受怀疑。如果一个社区的居民既不能回到过去，又难以拒绝从外向内剧变的前程，那么我们只能为那些身临其境的族群祈求一个尽可能长时间平安的文化适应期。而遭遇社会变迁后的未来将有何种风险是接下来要讨论的。

四、余论：风险何在？

转基因作物的大面积推广是最近十余年的事情，目前掌握相关技术最多，种植转基因作物最为广泛的是美国。从世界范围来看，由于转基因技术属于新技术，并且应用时间相对较短，对其风险评估很难充分，因此从保守和审慎的角度出发，在世界范围内关于种植转基因作物对农村未来的社会生产生活带来何种后果，依旧是一个不确定性的问题。[1] 贝克曾将现代文明中的这种人为的不确定性定义为风险社会。转基因作物作为现代文明的产物，是伴随着"消除

---

[1] ［德］乌尔里希·贝克：《世界风险社会》，吴英姿、孙淑敏译，南京大学出版社 2004 年版，第 25 页。

第六章 "革命"的可能后果

未来人类的粮食危机"[1] 这一生存斗争而存在的。美国著名人类学家保尔·雷丁（Paul Radin）对处于复杂关系中原住民与生存之间的相互作用进行了清晰的阐述，认为"原始住民对生存斗争中的不确定性怀有深深焦虑",[2] 即不确定性始终是焦虑的根源。从潭村的田野调查来看，村民对种植转基因作物既得利益的确定性冲淡了对其后果的考量，对未来的焦虑也随即消失，尽管如此，但并不代表不存在。

在本书的第三章我们讨论到潭村村民对转基因作物是一种"无知"的认知，这种认知在于推广机制中各主体之间互动的断裂。如果没有转基因作物的出现，或者说没有因转基因作物而引起的农村社会变迁，就不会激发我们去思考这种断裂对人类社会的影响。村民种植转基因作物，的确节约了劳动时间提高了劳动生产率，也给村民带来了一种平静悠闲的现代生活，但这种平静是以"对转基因作物的无知"和不确定性为代价的，未来的生活将变得不可预测。随着全球一体化的到来，转基因农作物种植日益成为农村不可回避的事实，其对乡村社会可能产生的影响是我们必须重视的。一方面，代表资本利益集团的种子推广者目的仅在于获利，从而尽可能去宣传转基因作物的"优良"特性，规避其不利因素；另一方面，农民也只顾眼前，不可能去想未来那么长远的事情。这种"双赢"的负面影响已在当下的农村初露端倪，即转基因农业给人类带来莫大的诱惑与惊喜的同时，也给当下的农村带来另类的空巢现象，即"孤独的老人、可怜的孩子、寂寞的妇女"，长此以往将不排除农村社会的衰败。

转基因作物与乡村社会变迁之间的吊诡关系与转基因技术本身的产生环境有关，在真实世界之外，基因基本上以不可预知的方式

---

[1] 参见《自然》网站文章：Preventing Hunger: Biotechnology Is Key。
[2] Paul Radin, *Primitive Religion, Its Nature and Origin*, Hamilton, London, 1938: 23.

悄无声息的"革命"？ ——转基因作物与一个华中乡村的社会变迁

相互作用，一个机体基因的变化可能对整个环境产生难以估量的影响，或许不产生影响。这种复杂性和被承认的无知是检视关于转基因作物争论的真实环境。[1] 各国对待转基因作物的态度也因此存在差异。虽然美国对转基因作物持积极态度，但是也有很多国家和科学家对转基因作物仍持保留态度。比如，欧盟对转基因商业化推广采取极为谨慎的态度，1998—2003 年未批准任何一种新的转基因食品进入流通市场。2009 年 5 月之前，X 转基因玉米是欧盟唯一允许种植的转基因作物。2008—2009 年，法国、德国、希腊、匈牙利、卢森堡、奥地利出于缺乏安全性研究数据以及贸易保护等各种原因，陆续禁止种植转基因玉米。2009 年 5 月，欧盟终于批准种植 Amflora 转基因土豆，但同时规定转基因土豆主要用于造纸等工业用途，其副产品用于生产畜牧饲料。虽然欧盟批准种植，但欧盟成员国仍然有权决定是否在本国种植。目前已有意大利、奥地利等国反对，而法国正在研究。巴斯夫公司所在的德国政府表示只会在东部地区小面积种植。从欧盟对转基因作物政策的演变，可以看出欧盟总体上对转基因作物仍持谨慎态度。目前，中国对转基因作物的态度与欧盟相似，研究尚不充分，从学界到政府尚无权威结论，从科学家对待转基因作物的态度可见一斑。比如，袁隆平目前也正在进行转基因作物的研究，但是在接受媒体采访时仍表示转基因作物存在潜在风险以及基因污染、增殖、扩散及清除途径不确定等因素，因此一旦转基因生物出了问题，后果难以控制，最终的结果可能需要相当长的时间来考察，至少需要两代人才能得出结论。

从科学的角度而言，转基因作物的风险主要集中于食用安全和生态安全两个方面。在此，我们剖析近年来发生的具代表性的典型

---

[1] ［德］乌尔里希·贝克：《世界风险社会》，吴英姿、孙淑敏译，南京大学出版社 2004 年版，第 138 页。

第六章 "革命"的可能后果

争议事件，追根溯源，以期引发公众对转基因农作物全面的认知和思考。❶

案例一：食用安全争议事件之广西迪卡玉米事件

2010年2月，一篇题为《广西抽检男生一半精液异常，传言早已种植转基因玉米》、署名为张某的帖子在网络上流传开来，文章称"迄今为止，世界所有国家传来的有关转基因食品的负面消息，全都是小白鼠食用后的不良反应，唯独中国传来的是大学生精液质量异常的报告"，由此引发不少公众对转基因作物及其产品的恐慌。

从帖子的标题到内容来看，作者显然试图将广西大学生精液异常与种植转基因玉米二者联系起来，这也正是导致公众恐慌的根本原因。其中，关于广西种植转基因玉米之说，作者依据的材料是有网络报道称"广西已经和美国的孟山都公司从2001年至今在广西推广了上千万亩'迪卡'系列转基因玉米"；广西大学生精液异常之说，则依据的是广西新闻网2009年11月登出的报道：广西在校大学男生，过半抽检男生精液不合格。但从了解的情况来看，第一个说法不属实，第二个说法有明确出处但和转基因没有关系。对此，孟山都公司、壮族广西种子管理站、农业部分别从不同的角度予以证实：迪卡为传统的常规杂交玉米，并不是转基因作物品种。

案例二：生态安全争议事件之墨西哥玉米事件

2001年11月，美国加州大学伯克利分校生态学家卡波那和奎斯特在自然杂志发表文章，指出在墨西哥南部某地区采集的六个玉米品种样本中，发现了一段可启动基因转录的DNA序列——花椰菜花叶病毒"35S启动子"，同时发现与骆华种子公司代号为"Bt11"的转基因抗虫玉米所含"adh1基因"相似的基因序列。墨西哥作为世界玉米的起源中心和多样性中心，明文禁止种植转基因玉米，只是

---

❶ "转基因农作物安全性典型争议事件溯源来源"，载《科学时报》2011年1月4日。

183

悄无声息的"革命"？ ——转基因作物与一个华中乡村的社会变迁

进口转基因玉米用作饲料。此消息一出，便引起了国际社会的广泛关注，绿色和平组织甚至称墨西哥玉米已经受到了"基因污染"。然而，卡波那和奎斯特的文章发表后受到了很多科学家的批评，指其实验在方法学上有很多错误。经反复查证，文中所言测出的"35S启动子"为假阳性，并不能启动基因转录。另外经比较发现，二人在墨西哥地方玉米品种中测出的"adh1 基因"是玉米中本来就存在的"adh1-F 基因"，与转入"Bt 玉米"中的"adh1-S 基因"序列并不相同。对此，自然杂志于 2002 年 4 月 11 日刊文两篇，批评该论文结论是"对不可靠实验结果的错误解释"，并在同期申明"该文所提供的证据不足以发表"。另外，墨西哥小麦玉米改良中心也发表声明指出，通过对其种质资源库和新近从田间收集的 152 份材料进行检测，并未在墨西哥任何地区发现"35S 启动子"。

尽管上述两例关于转基因作物及其食品的案例最终都以"专家辟谣"的形式结束，但从中不难看出公众对转基因作物及其产品的不信任和可能存在的焦虑，这些都源于转基因作物本身的不确定性，即现代技术文明以一种风险社会的文化形式存在。一旦转基因作物的风险被确立，最先影响到的就是公众对政府和社会的信任。信任最初是在商业关系中，从某种和风险一样的状况中变得普遍化的。以前的信任形式更多与责任和道德的较传统形式如亲属关系密切相关，在人类史上的大部分时间里，我们以亲缘为纽带构成社会，权力操持在家长手里，在这样的条件下，信任并不是问题。❶ 信任包括你将信任谁或信任什么，更直接地倾向于未来的关系，信任必须是相互的，在面对将来的意外事件时提供安全，如果不具备这些，我们将处于严重的困境之中。❷ 当今中国社会可谓"世风日下"，典型表现之一就是信任缺失，人们每天都在质疑——从吃的、用的、玩

---

❶ 范可："当代中国的'信任危机'"，载《江苏行政学院学报》2013 年第 2 期。
❷ Giddens, A. and Pierson, C. 1998, Conversations with Anthony Giddens: Making Sense of Modernity. Cambridge: Polity. 1998: 108-109.

第六章 "革命"的可能后果

的，到决策者与治理者。❶ 这种对一切不信任的现状无疑与社会转型中诸多话语的不确定性有关。正如转基因作物的风险存在极大的不确定性，在这种情形下开始了风险冲突的政策混乱：转基因专家和反转基因专家常常给予公众完全相反的信息，其可预知的后果必然是加深了消费者对转基因作物的怀疑并因此威胁到食品工业市场。因为没有或许也无法将转基因作物的安全性公开告知每一个人，推广者忽视了严重的不确定性及消费者的焦虑。他们拒绝或反对强迫企业宣布"哪种食品是被转基因的，哪种没有被转基因"的知情政策，这样又一次鼓励了不信任的存在。在此基础上出现了以下问题：谁实际上统治着我们的日常生活？转基因作物是一种全球性的事物，对其未知后果的焦虑是全世界都关注的事情，同样，正是这种现象的全球性解释了它为什么难以处理。若不反对自由贸易制度，则没有一个国家能够避免转基因作物和食品。如果某个政府试图延缓对转基因食品的引进，它就可能面临来自食品巨头的反对。所有这些都微妙地涉及国家政治的主权及其界限的严肃问题。

在这种持续的全球性的风险争论中，我们又一次面临生物学的目中无人：如今，我们被告知，基因学处于延续生命、战胜疾病、传播幸福和给世界提供食物的边缘。但是这种自信是以错误的前提，即在实验室里一样在生活中移动基因是安全的为基础的。我们并不知道这是事实，因为我们对于基因和它们为之提供蓝图的蛋白质之间的复杂性的相互作用知之甚少。而转基因作物就在这样的前提下进入了市场，进而改变了人们的生活，技术与文化以一种共生的状态开始出现，正如潭村村民日常生活与种植转基因作物之间的复杂关系。如韦伯所言，技术和文化革新本意是提高人类的幸福和安全，但是对人类未来却产生了料想不到的威胁，由此增加了存在与社会

---

❶ 范可："当代中国的'信任危机'"，载《江苏行政学院学报》2013年第2期。

悄无声息的"革命"？ ——转基因作物与一个华中乡村的社会变迁

之间的紧张。❶ 例如，在积极推广转基因作物的美国，以及推广美国转基因种子的拉美国家，垄断企业通过种子和收购价格的控制，让农民的收入低到无法承受，最终不得不卖出土地，以其他方式谋生。最终的结果是小农经济被大型农场所取代，被人称赞为农业现代化的必然趋势，这是否就是中国农村种植转基因作物后的未来很难预料。但是，如果这种状况在中国出现，数亿农民将失业，如果不能顺利地转移到城市，可能会引发极为严重的社会动荡。❷

历史记录是由诡异而充满机变的事件组成的，尽管我们认识到：没有变迁，文化绝不可能调适于变化了的现实和状况，同样，悄无声息的变化也会使文化处于危险的境地，因为意识不到冲击就不可能回应，无法回应意味着盲目。当我们看到今天人类所面临的所有问题时，他们中的大部分都是全球现代性实践的结果，我们可能会想，我们是不是已经跨过了某个关键的门槛：从此文化开始落后于这些问题了呢？这并不一定意味着未来对于后代人而言都是黯淡的，但如果向他们许诺一个美好的、科幻或天堂式的未来，却是不现实的，至少根据目前的证据作出承诺是不负责任的。此刻，社会学家和人类学家首先必须反思、考虑和承认他们的无知，澄清他们的不确定性，从而让我们能够在较广泛的公众范围内自由表达其怀疑。

---

❶ ［英］布莱恩·S. 特纳、克里斯·瑞杰克：《社会与文化——稀缺和团结的原则》，吴凯译，北京大学出版社 2009 年版，第 2 页。
❷ "全民大讨论：转基因作物商业化种植之辩"，载凤凰网财经评论，htp://finance.ifeng.com/opinion/cjpl/20100208/1808743.shtml。

参 考 文 献

布莱恩·特纳、克里斯·瑞杰克

  2009,《社会与文化——稀缺和团结的原则》,吴凯译,北京:北京大学出版社。

本尼迪克特

  1987,《文化模式》,何锡章译,北京:华夏出版社。

陈玉萍、吴海涛

  2010,《农业技术扩散与农户经济行为》,武汉:湖北人民出版社。

陈柏峰

  2006,"现代性、村庄与私人生活——评阎云翔《私人生活的变革》",《学术界》,第4期。

狄金华

  2011,"被困的治理——一个华中乡镇中的复合治理",华中科技大学博士学位论文。

道格拉斯·凯尔纳

  2005,《波德里亚:批判性的读本》,陈维振、陈明达、王峰译,南京:江苏人民出版社。

杜赞奇

  2003,"为什么历史是反理论的?",《中国研究的范式问题讨论》,北京:社会科学文献出版社。

费孝通

  1998,《乡土中国生育制度》,北京:北京大学出版社。

范可

  2013,"在野的全球化:旅行、迁徙、旅游",《中南民族大学学报》,第1期。

悄无声息的"革命"？ ——转基因作物与一个华中乡村的社会变迁

——2008，"政治人类学今昔"，《广西民族大学学报》，第 2 期。

——2013，"当代中国的'信任危机'"，《江苏行政学院学报》，第 1 期。

范丽艳、魏威、朱正歌

    2010，"消费者转基因食品认知情况调查与思考"，《中国农学通报》，第 26 期。

傅北水、刘莉

    2001，"妇女缘何成为农村玩麻将的主体"，《调研世界》，第 10 期。

郭于华

    2005，"天使还是魔鬼——转基因大豆在中国的社会文化考察"，《社会学研究》，第 1 期。

宫留记

    2008，"布迪厄的社会实践理论"，《理论探讨》，第 6 期。

郝瑞、张海洋

    2004，"人类学研究的种种困惑（四）"，《民族艺术》，第 4 期。

哈正利

    2009，《社会变迁与学科发展——台湾民族学人类学简史》，北京：民族出版社。

霍丽云、侯丙凯

    2001，"基因工程技术与人类的可持续发展"，《中国人口·资源与环境》，第 11 期。

黄颖

    2013，"丈夫返乡对留守妻子家庭的意义"，《妇女研究论丛》，第 1 期。

贺雪峰

    2008，"农村的半熟人社会化与公共生活的重建——辽宁大古村调查"，《中国乡村研究（第六辑）》，福州：福建教育出版社。

怀特

    1988，《文化的科学》，沈原、黄克克、黄玲伊译，济南：山东人民出版社。

黄树民

    2006，《林村的故事》，素兰、纳日碧力戈译，北京：生活·读书·新知三联书店。

黄宗智

　　1986，《华北的小农经济与社会变迁》，北京：中华书局。

——1992，《长江三角洲小农家庭与农村发展》，北京：中华书局。

金芜军

　　2003，"转基因作物环境与食品安全性研究——基因漂流、毒蛋白、转基因产品标识管理政策及标准化检测技术"，中国农业科学院博士学位论文。

贾钦涵

　　2011，"玩物丧志？——麻将与近代中国女性的娱乐"，《学术月刊》，第1期。

李丹

　　2008，《理解农民中国》，张天虹、张洪云、张胜波译，南京：江苏人民出版社。

李伯重

　　2003，《多视角看江南经济史》，北京：生活·读书·新知三联书店。

——2007，《江南农业的发展1620—1850》，王湘云译，上海：上海古籍出版社。

李文成

　　2000，"转基因产品：国际贸易争端的新领域"，《国际经贸探索》，第2期。

李富强、徐杰舜

　　2008，"乡土人类学研究回顾（下）"，《湖北民族学院学报》，第1期。

李梅、杨汇泉

　　2010，"农村留守女童反社会行为生成的现象考察——邓军'买处'个案的生命历程理论分析"，《中国农村观察》，第1期。

刘科

　　2011，"转基因技术恐惧心理的文化成因与调适研究"，《科技管理研究》，第6期。

列舍托夫

　　1998，《早期农人的基本经济—文化类型》，庄孔韶译，列宁格勒出版。

卢克·拉斯特

悄无声息的"革命"？ ——转基因作物与一个华中乡村的社会变迁

2008，《人类学的邀请》，王媛、徐默译，北京：北京大学出版社。

梁漱溟

2006，《乡村建设理论》，上海：上海人民出版社。

罗伯特·莱顿

2005，《人类学理论导论他者的眼光》，罗攀、苏敏译，北京：华夏出版社。

罗志刚、刘祖云、黄文昊

2010，"消费者对转基因产品认知度和认可度研究——以南京市普通市民与在校大学生的调查对比为例"，《安徽农业科学》，第29期。

吕振合、王德胜

2007，"知识与权力：从福柯的观点看学科场域中的权力运作"，《自然辩证法研究》，第9期。

马歇尔·萨林斯

2000，《甜蜜的悲哀》，王铭铭、胡宗泽译，北京：生活·读书·新知三联书店。

马克思

1963，《资本论中文版（第1卷）》，郭大力、王亚男译，北京：人民出版社。

马丁·克里斯皮尔

2014，"全球转基因作物的产量和销量"，《华中农业大学学报》，第6期。

孟雨

2011，"转基因食品国际贸易法律问题研究"，《前沿》，第1期。

鲁尔·瓦纳格母

2008，《日常生活的革命》，张新木、戴秋霞、王也频译，南京：南京大学出版社。

潘建伟、曹靖

2002，"转基因产品对中国农产品国际贸易的影响"，《内蒙古社会科学》，第6期。

齐格蒙·鲍曼

2000，《立法者与阐释者》，洪涛译，上海：上海人民出版社。

参考文献

恰亚诺夫

1996,《农民经济组织》,北京:中央编译出版社。

邱本

1999,"论知识权力",《吉林大学社会科学学报》,第 11 期。

司开玲

2011,"知识与权力:农民环境抗争的人类学研究",南京大学博士论文。

史蒂文·瓦戈

2007,《社会变迁》,王晓黎等译,北京:北京大学出版社。

唐喜梅、卢清

2006,"农村留守儿童亲子教育缺失问题及对策研究",《江西教育科研》,第 9 期。

唐鸣、梁东兴

2013,"中国农户的历史变迁与行为特征",《华中师范大学学报(人文社会科学版)》,第 2 期。

田翠琴、齐心

2005,《农民闲暇》,北京:社会科学文献出版社。

万江红、胡艳华

2005,"从新功能主义理论角度看农村'赌码'现象",《中南民族大学学报》,第 3 期。

王铭铭

1998,"文化变迁与现代性的思考",《民俗研究》,第 1 期。

——1996,"功能主义人类学的重新评估",《北京大学学报》,第 2 期。

——1997,《文化格局与人的表述——当代西方人类学思潮评介》,天津:天津人民出版社。

王琴芳

2008,"转基因作物生物安全性评价与监管体系的分析与对策",中国农业科学院博士学位论文。

王加连

2006,"转基因生物与生物安全",《生态学杂志》,第 3 期。

王丽珍、徐家鹏

悄无声息的"革命"？——转基因作物与一个华中乡村的社会变迁

2010，"消费者对转基因食品的态度及其影响因素研究述评"，《消费经济》，第6期。

沃尔森、祁国琴

1980，"中国猪类的驯养"，《古脊椎动物与古人类》，第2期。

吴毅、李德瑞

2007，"二十年农村政治的研究与转向——兼论一段公共学术运动的兴起与终结"，《开放时代》，第2期。

威廉·哈维兰

2006，《文化人类学》，瞿铁鹏、张钰译，上海：上海社会科学院出版社。

乌尔里希·贝克

2004，《世界风险社会》，吴英姿、孙淑敏译，南京：南京大学出版社。

乌尔里希·贝克、伊丽莎白·贝克、格恩斯·海姆

2011，《个体化》，李荣山、范譞、张惠强译，北京：北京大学出版社。

谢淑娟

2006，"论人民公社体制下的村庄经济——以解读《通知》为中心"，《中国经济史研究》，第2期。

萧俊明

1999，"文化与社会结构——文化概念解读之二（上）"，《国外社会科学》，第4期。

徐新建、王铭铭、周大鸣、徐杰舜、朱炳祥、王明珂等

2008，"人类学的中国话语——第六届人类学高级论坛圆桌会议纪实"，《广西民族大学学报》，第2期。

邢义田、黄宽重、邓小南总主编，邢义田、林丽月主编

2005，《社会变迁》，北京：中国大百科全书出版社。

宣亚南、周曙东

2002，"关于消费者对转基因农产品认知的调查"，《中国人口资源与环境》，第3期。

阎云翔

2006，《私人生活的变革》，龚小夏译，上海：上海书店出版社。

于建嵘

2009，"从刚性稳定到韧性稳定：关于中国社会秩序的一个分析框架"，《学习与探索》，第 5 期。

约翰·汤姆林森

2002，《全球化与文化》，郭英剑译，南京：南京大学出版社。

樱井哲夫

2001，《福柯：知识与权力》，姜忠莲译，石家庄：河北教育出版社。

约翰·汤姆林森

2002，《全球化与文化》，郭英剑译，南京：南京大学出版社。

阎云翔

2000，《礼物的流动——一个中国村庄中的互惠原则与社会网络》，李放春、刘喻译，上海：上海人民出版社。

苑书义、董丛林

2001，《近代中国小农经济的变迁》，南京：人民出版社。

詹姆斯·斯科特

2007，《弱者的武器》，郑广怀、张敏、何江穗译，南京：译林出版社。

詹姆斯·皮科克

2009，《人类学透镜》，汪丽华译，北京：北京大学出版社。

张玉林

2012，《乔启明文选》，北京：社会科学文献出版社。

赵旭东

2011，"乡村理解的贫困——兼评陈柏峰乡村江湖"，《中国农业大学学报》，第 1 期。

张秀娟

2002，"转基因作物潜在风险分析"，《生物学通报》，第 8 期。

周晓虹

2002，《西方社会学历史与体系》，上海：上海人民出版社。

周曙东、崔奇峰

2006，"我国转基因农产品管理中存在的问题及对策建议"，《中国科技论坛》，第 1 期。

悄无声息的"革命"？ ——转基因作物与一个华中乡村的社会变迁

卓惠萍、鲁彦平

  2010，"农村麻将主体女性化：事实、假象及是非的讨论"，《妇女研究论丛》，第2期。

钟真、简小鹰

  2007，"农村打工者与留守人员间的互动：意义、途径与成本"，《中国农业大学学报（社会科学版）》，第6期。

庄孔韶、赵旭东、贺雪峰、仝志辉、卢晖临、林聚任等

  2008，"中国乡村研究三十年"，《开放时代》，第6期。

庄孔韶

  2004，"中国乡村人类学的研究进程"，《广西民族学院学报》，第1期。

湖北省地方志编纂委员会

1990，《Z县志》，北京：中国城市经济出版社。

2011，"转基因农作物安全性典型争议事件溯源"《科学时报》，1月4日。

2011，"秘鲁政府破解苏鲁阿哈族人自杀之谜"，《知音（海外版）》，12月总185期。

"Preventing hunger：Biotechnology is key"，《自然》网站文章。

"我也来说说农村的转基因作物现状态"。百度贴吧，http：//bbs.55168.cn/thread-213048-1-1.html。

"全民大讨论：转基因作物商业化种植之辩"，凤凰网财经评论，http：//finance.ifeng.com/opinion/cjpl/20100208/1808743.shtml。

"2012年全球转基因作物种植面积达到约1.7亿公顷"，莱芜新闻网，http：//www.laiwunews.cn/health/chanye/2013/0304/10516.html。

"中国转基因安全摸底——被雪藏的转基因秘密"，南方周末，http：//www.sina.com.cn。

周俏春、邹焕庆，"13岁孩子当妈妈"，新华网，http：//news.xinhuanet.com。

"2011年展望：转基因和粮食安全"，生物谷，http：//www.bioon.com。

"革命观念在中国的起源与演变"，西岳论坛，http：//his.snnu.ecu.cn：8000/forums/t/1633.aspx。

章轲，"中国转基因技术的发展经历了两个阶段"，一财网，http：//www.yicai.com/news/2011/04/754652.html。

参考文献

"2012年中国转基因作物总面积居世界第六位",中国经济网,http://www.ce.cn/macro/more/201303/05/t20130305_24168372.shtml。

Boserup, Easter

 1981, *Population and Technology*. Oxford: Basil Blackwell.

Bray

 1986, *The RiceEconomic: Technology and Development in Asia Societies*. Oxford: Basil Blackwell.

Cernea

 1991, Michael M. (ed.), *Putting Pepole First: Socialogical Variables in Rural Development*, 2nd ed. New York: Oxford.

Yang, C. K. A,

 1959, *Chinese Village in Early Communist Transition*. The MIT Press.

Clifford Geertz

 1983, *From the Native's Point of View: On the Nature of Anthropological Understanding*, in *Local Knowledge: Further Essaya in interpretive Anthropological*, New York: Basic Books.

Dalton, G.

 1969, Theoretical Issues in Economic Anthropology, *Current Anthropology*.

Edward Tylor

 1913, *Primitive Culture*, London.

Elizabeth Papineau, Mah-jong

 2000, A Game with Attitude: Ex-pression of an Alternative Culture, *China Anthropology*.

Ezra F. Vogel

 1969, Canton *Under Communism: Programs and Politics in a Provincial Capital*. Cambridge: Harvard University Press.

Fliegel Fediric C., And Joseph E. Kivlin

 1966, Attribute of Innovation as Factors in Diffusion, *American Journal of Sociology*, 72, November.

悄无声息的"革命"？ ——转基因作物与一个华中乡村的社会变迁

Fischer, A. J., Arnold, And M. Gibbs

 1996, Information and the Speed of Innovation Adoption, *Amarican Journal of Agriculture Economics*, 78 (4) November.

Freedman, Maurice

 1979, *The Study of Chinese Society*, Stanford: Stanford University Press.

——1963, A Chinese Phase in Social Anthropology, *British Journal of Sociology*, No. 1.

Friedman, David M

 1974, *Technology and Society: Issues in Assessment, Conflict, and Choice*. Chicago: Rand McNally.

Geertz, Clifford

 1963, *Agricultural Involution: The Process of Ecological Change in Indonesia*, Berkeley, CA: University of California Press.

Giddens, A. and Pierson, C.

 1998, *Conversations with Anthony Giddens: Making Sense of Modernity*. Cambridge: Polity.

Golden Childe

 1936, *Man Makes Himself*. Oxford University Press.

Isabel and David Crook

 1966, *The First Years of Yangyi Commune*, London: Rout ledge and Kegan Paul.

Jack. M. Potter

 1968, *Capitalism and the Chinese Peasant, Social and Economic Change in a Hongkong Village*, Berkeley: University of California Press.

JeanL. Cohen, Andrew Arato

 1992, *Civil Society and Political Theory*, MIT Press.

James C.

 2014, Global State of Commercialized Biotech/GM Crops 2013. *ISAAA Briefs* 46. Ithaca, NY: ISAAA.

Kroeber A. L. and Kluckhohn C.

 1963, *Culture: A Critical Review of Concepts and Definitions*, New York:

Vintage Books.

Lawrence, Susan V.

1994, Village Representative Assemblies: Democracy, China Style, *Australian Journal of Chinese Affairs*, 32, July.

Lash, S. and Urry, J.

1994, *Economy of Time and Space*. London: Sage.

Malinow ski, B.

1939, Review of Six Essays on Culture by Albert Blumenthal, *American Sociological Review*, Vol. 4.

Martin King Wight

1975, *Small Groups and Political Rituals in China*, Berkeley and Los Angeles, London, England: University of california Press, Ltd.

O'Brien, Kevin

1994, Implementing Political Reform in China's Villages, *Australian Journal of Chinese Affairs*, 32, July.

Ogburn, William F.

1950, *Social Change*. NewYork: Viking.

Overton, Mark

1989, Agriculture Revolution? England, 1540–1850, in Anne Digby and Charles Feinstein (eds.), *New Directions in Economic and Social History*, *Vol.* 1. London: Macmillan.

Paul Radin

1938, *Primitive Religion*, *Its Nature and Origin*, Hamilton, London.

Popkin, Samuel L.

1979, *The Rational Peasant*: *The Political Economy of Rural Society in Vietnam*. Berkeley: University of California Press.

Ramon Myers

1970, *The Chinese Peasant Economy*: *Agricultural Development in Hopei and Shantung*, 1890–1949. Cambridge: Harvard University Press.

Raymond Williams

 1983, *Keywords: A Vocabulary of Culture and Society*, New York: Oxford UP.

Rogers, Everett M.

 1995, *Diffusion of Innovations*, 4th ed. New York: Free Press.

Rosaldo, R.

 1995, Foreword to Garcia Canclini, *Hybrid Cultures*.

Ruth Benedict

 1989, *Patterns of Culture*, Boston: Houghton Mifflin.

Scott, James C

 1976, *The Moral Economy of the Peasant: Rebellion and Subsistenc in Southeast Asia*. New Haven: Yale University Press.

Sidney Mintz

 1996, *Tasting Food, Tasting Freedom*, Boston: Beacon Press.

Sidney Mintz

 1986, *Sweetness and Power: The place of Sugar in Modern History*, London and New York.

Siu, Helen F.

 1989, *Agents and Victims in South China: Accomplices in Rural Revolution*, New Haven: Yale University Press.

Terray, E

 1972, *Marxism and Primitive Societies*, trans. M. Klopper, New York: Monthly Review Press.

William Y. Adams

 1998, *The Philosophical Roots of Anthropology*, CSLI Publications.

索 引

A

安戈（Jonathan Unger）25

B

博兰尼（Karl Polanyi）18
卜凯（John lossing Buck）28
波普金（Samuel L. Popkin）18，19，20，21，44，105，106
布莱尔（I. Bredahl）38，39
波特（Jack. M. Potter）28
本尼迪克特（Ruth Benedict）43，76
贝特森（Gregory Bateson）43
博厄斯（Franz Boas）42
巴克斯特（R. Baxter）155
布迪厄（Pierre Bourdieu）174
保尔雷丁（Paul Radin）181
布朗（A. R. Radcliffe-Brown）42，86，173，

C

蔡亚诺夫（A. V. Chayanov）12，13，17

柴尔德（Golden Childe）14，40，92
陈佩华（Anita Chan）25

D

杜赞奇（Prasenjit Duara）25
迪斯戴尔（H. De Steur）39

F

弗里德曼（Freedman Maurice）25，27，
弗里格尔（Fediric C. Fliegel）102，
福柯（Michel Foucault）45，90，169，170，172
富兰克林（Benjamin Franklin）155

G

革命（revolution）11，12，13，14，15，21，22，23，25，28，40，47
葛学溥（Daniel HarrisonKulp）29
葛迪斯（W. R. Geddes）25

悄无声息的"革命"？ ——转基因作物与一个华中乡村的社会变迁

格尔茨（Clifford Geertz）46，161
吉登斯（Anthony Giddens）172

H

韩丁（William Hinton）25
郝瑞（Steven Harrell）28，29，203
黄宗智（Philip C. Huang）17，27
洪卡南（Pirjo Honkanen）38
怀特（Leslie A. White）43，79

J

基弗林（Joseph E. Kivlin）102
加尔文（John Calvin）155

K

克莱姆（G. F. Klemm）41
克鲁伯（A. L. Kroeber）42，43
克拉克洪（C. Kluckhohn）43
柯鲁克（David Crook）25

L

罗伦斯（Susan V. Lawrence）26
莱顿（Robert Layton）45
拉什（S. Lash）171，172
罗萨尔多（Renato Rosaldo）178

M

马克莱（Mikeluhuo. Makelai）16

马若孟（Ramon Myers）28
马林诺夫斯基（Bronislaw Malinowski）42，173

O

欧博文（Kevin O'Brien）26
欧费顿（Mark Overton）83

P

派白诺（E-lisabeth Papineau）153

S

施坚雅（G. William Skinner）27，29，52
斯科特（James C. Scott）18，19，20，21，22，105，106，153，171
萨林斯（Marshall Sahlins）146

T

泰勒（Edward. B. Tylor）41，42，43
特里（Terray）133
汤姆林森（John Tomlison）176

W

魏昂德（Andrew Walder）25
文化 12，13，15，16，18，22，23，24，25，28，29，32，33，

37，38，40，41
韦伯（Max Weber）155，165，185，

X

小农（peasant）13，17，18，19，20，21，22，27
谢苗诺夫（Semenov）16
形式论（formalism）18
萧凤霞（Helen Siu）26
西敏思（Sidney Mintz）146

Y

柯鲁克（Isabel Crook）25

实质论（substantivism）18

Z

赵文词（Richard Madsen）25
转基因植物（Genetically modified plant, GMP）33，34，35，84，175
转基因农作物（Genetically modifiede crop, GMC）33，35，181，183
知识/权力（truth/power）169

图表索引

图1-1　潭村的马路　2
图1-2　潭村卫生室　5
图1-3　村委会所在地　6
图1-4　潭村一组的舞场　7
图1-5　阿香家的"新种子"棉花地　10
图2-1　Z市在华中平原上的位置　53
图2-2　Z市地图之潭村在白镇的位置　53
图2-3　长江环绕的白镇大堤　55
图2-4　村民到Z市所乘坐的客船　57
图2-5　潭村成片的棉花地　57
图2-6　村民种植的玉米地　58
图2-7　阿莲的超市　70
图2-8　潭村的经销店，现在兼收购棉花、卖码　71
图2-9　潭村超市的菜架　73
图2-10　大柱的猪肉摊　74
图3-1　燕子的种子商店　94
图3-2　燕子的进货地点，即Z市的种子公司　96
图4-1　村民常用农具　112
图4-2　80年代白镇的棉花收购地　114
图4-3　村民门前晾晒的棉花　120
图4-4　潭村的留守老人　127
图4-5　干完农活早早收工的留守妇女　128
图4-6　摘棉花的女人　133

图 5-1	妇女固定的牌友圈子	151
图 5-2	潭村最大的跳舞场地	154
图 5-3	英子家杀猪请客所准备的菜肴	159
表 2-1	潭村种植结构一览表	64
表 2-2	潭村四季蔬菜种植类型	67
表 2-3	潭村的文化图景	76
表 4-1	不同作物所需劳动量和平均亩产量	122

后　记

　　从南京大学社会学院毕业到长江大学法学院工作已经整整两个年头了，曾笑话自己总是用老套的时光荏苒来形容岁月的流逝与无奈，流逝是因为曾经经历，无奈是因为总有遗憾。无论多么百味掺杂的情感，有一点我仍是确信的，即在南京大学求学的经历是我人生中不断收获美好的日子，在长江大学工作的每天见证了我从学生到老师的成长与蜕变。拙著《悄无声息的"革命"？——转基因作物与一个华中乡村的社会变迁》初稿完成于南京大学，而定稿出版则是在长江大学。这是我的第一本著作，难免有遗漏和不妥之处，比如对种植转基因作物之后果的比较研究还需要时间去追踪，短期内无法完成，这也是我感到遗憾的地方，也希望对此话题感兴趣的同仁能提出批评和建议。

　　本书的出版离不开长江大学的支持，校长谢红星博士特别关心年轻教师的成长，鼓励我们要"热爱研究，坚持读书，乐观生活"，让我们远离喧嚣静心读书和写作；我所在的法学院是独立设置不久的学院，正处于学科发展的初步阶段，院长徐前权教授为我们年轻教师营造了重视科学研究、尊重学术个性的氛围，张响珍书记常常对我们的生活表示关心，无不让人感动；长江大学科技处于2014年给予本书出版资助，加上教育部人文社科青年项目（12YJC840012）的资金，此书得以顺利出版，在此一并言谢。

　　能将拙著放在"紫金人类学书系"中出版实为人生之幸事，这源于恩师范可教授的指导和帮助。犹记得初次在中美中心见到先生，我是忐忑而惶恐的，一是感觉自己的头脑空空如也，害怕先生问我的学术兴趣，怕自己答非所问；二是初次拜见心中的"牛人"，不知道如何表达才是合适的。未曾想先生只是关心我初来南京大学的生活，并适当地给我指出了未来大致的学习方向。原来我的导师是亲切而宽容的，而我对先生的恐惧心理也慢慢消失，谢谢您，让我丢下思想的包袱踏入学术之门。初入先生门下，人类学之于我是神秘而高深的，为了能早日跟上"谋思谈"的步伐，我选上了先生的两门课。先生的课常常不拘泥于形式，就像乘坐一部穿越历史的过山车，其睿智的见解和渊博的学识，让我感受更多的是学术思想的洗礼。回想起来，在先生的课上我曾问了一些幼稚的问题，但先生每次都会认真解答，他对待学生平等而协商的态度常常让人感动。正是先生开放且自由的学术胸襟，宽宥我在学术上的无知，让学生有一个慢慢成长的环境，方才远离浮躁潜心研读。记得我将此书稿交与先生后，先生曾在文中详细批注，细节之处亦不放过，如果本书尚有一丝亮点，那无疑是先生之功劳。

借此书出版之际，我要感谢那些陪我一起走过南大求学之路的人，没有他们给我学术训练的机会，就不会有此书思想的形成。我要感谢风笑天教授，是他的鼓励让我有勇气迈进南京大学之门，而我能有幸在社会学院求学也源于他的帮助。正是风老师在邮件中回复的"好好复习，争取考出好成绩"，让我感动之余也能安心学习。风老师留给学生的还有南大社会学院对待学生的公平与公正，所以能在这里求学是温暖而幸福的，不会忘记风老师的研究方法课，让我收获良多，正是在风老师的感召下，拉近了我与社会学的距离。南京大学社会学院丰富多彩的博士生课程则让我畅游在知识的海洋中，有机会聆听大师的教诲：周晓虹教授的当代中国研究课大气磅礴，对国家与社会关系研究范式及其反思鞭辟入里，为我进入社会学研究领域指引了方向；张鸿雁教授的城市社会学课风趣幽默，对中国城市发展的分析见解独到；翟学伟教授的中国社会微观研究妙语连珠，其严密的逻辑令我折服；彭华民教授的福利社会学视角敏锐，知识信息量大，让我受益匪浅；成伯清教授的社会学理论课睿

悄无声息的"革命"？ ——转基因作物与一个华中乡村的社会变迁

智犀利，时常让我感受到社会学研究的魅力。感谢人类学所邵京、杨德睿、谢燕清、褚建芳、杨渝东诸位老师，在三年的学习生活中，他们给了我很多有益的启发和学术上的深刻指导。尤其是杨德睿老师开设的田野调查方法课，让我学会了用人类学的视角来看问题。在人类学所举办的"谋思谈"中，我常常能感受到各位老师富有洞见的指点和建议，在博士阶段能有这样的一个学术共同体，真是人生幸事！

我要特别感谢我的硕士生导师万江红教授，是她将我带进社会学之门。万老师对我的指导不仅是学术上的，还有生活上的支持与关心。不会忘记八年前万老师发给我的"我们既是师生又情同姐妹"的信息，让我在面对困难时仍能感到自己是不孤单的，能以如此亲切而平等的态度对待学生，是我一辈子的幸运。在社会学的学术之路上，我要感谢那些给我学习机会的人。感谢钟涨宝教授五年前为我写推荐信、感谢张玉林教授组织的"南京大学—京都大学论坛"、感谢香港中文大学社会学系张越华教授让我参加香港社会学年会、感谢香港中文大学人类学系举办的研究生论坛、感谢台湾清华大学林淑蓉教授组织的人类学高级论坛，感谢华中科技大学雷洪教授组织的博士生论坛，让我能进入学术的殿堂和大家交流！感谢学术交流中王铭铭教授、赵旭东教授、李路路教授、于显洋教授对戎论文写作所提的建设性意见；感谢法国科学院罗兰教授对我学术上的指导，和您相处的日子里经历特别留下了许多美好回忆；感谢著名人类学家、华盛顿大学人类学系郝瑞（Steve Harrell）教授在南京大学访问期间对此书的田野工作给予的指点！

感谢村主任胡庆会，在田野调查期间，他不仅为我提供村庄信息，而且还热情参与到我的访谈中，他曾多次把我介绍给潭村村民，带我参加潭村的各项活动，从而让我较为快速地融入田野，与村民打成一片。同时，我还要感谢热情质朴的潭村村民们，由于学术原因我无法列出他们的真实姓名，但是这本书可以说是我和他们一起写成的，没有他们的信任与接纳，就不会有此书的完成。

最后，我要感谢我的家人。感谢在此书写作期间父母为我家庭的无私奉献；感谢弟弟胡金华和弟妹叶艳萍给予我的精神支持，总能在我迷茫的时候拨开云雾；感谢我的丈夫赵合明博士，对书中格式所做的调整并对转基因问题所做的专业注解，同时能够忍受我的焦虑、无理与不顾家，这些都不是用感动所能涵盖的，我只能说以后的日子好好幸福地在家；感谢我的儿子赵诣冉小朋友，能够自己把学校的作业认真完成，也有良好的生活习惯和自觉性，同时适应妈妈长期不在家的日子，让我心无旁骛地写作此书！

感谢所有曾经与我共同经历的人，我想要感谢的名单很长，或许有遗漏，但仍然要结束，结束也是新的开始，我只想说：让我们都相信未来！

胡艳华
2015 年 9 月 22 日于长江大学法学院 318 室